Raymond Battegay

Dr. med., ordentlicher Professor an der Universität Basel

Grenzsituationen

Verlag Hans Huber
Bern Stuttgart Wien

CIP-Kurztitelaufnahme der Deutschen Bibliothek

Battegay, Raymond:
Grenzsituationen / Raymond Battegay. - Bern;
Stuttgart; Wien: Huber, 1981.
   ISBN 3-456-81016-4

© 1981 Verlag Hans Huber Bern
Satz und Druck: Druckerei Heinz Arm Bern
Printed in Switzerland

Meinem Freund

Walter Schindler, London

«Hier konnte niemand sonst
Einlaß erhalten, denn dieser
Eingang war nur für dich bestimmt.
Ich gehe jetzt und schließe ihn.»

(Aus Franz Kafkas «Vor dem Gesetz»)

Inhaltsverzeichnis

Vorwort

Menschen, die uns Psychiater und Psychotherapeuten aufsuchen, befinden sich sehr häufig an der Grenze ihres integrierten oder bewußten Daseins oder ihrer Leidensfähigkeit. Deshalb wird uns die Suizidalität in verschiedenen Grenzsituationen immer wieder beschäftigen. Der Menschen Angst oder ihre Depressivität, ihre psychosomatischen Beschwerden, ihr mangelndes Selbstwerterleben, ihre unbegründete Euphorie, ihre Vereinsamung, ihr Alterungsprozeß, ihre Schwäche, ihr Mißtrauen, aber auch ihr körperlicher Verfall, der drohende Untergang ihrer Individualität kann Menschen in emotionale Grenzsituationen hineinbringen, die ihnen zur schwerwiegenden Bedrohung werden und aus denen sie oft ohne Hilfe nicht mehr hinauskommen. Menschen können sich aber auch in Massenprozessen verlieren, ohne daß sie sich des Verlustes ihrer Verantwortlichkeit bewußt werden.

In diesem Buch habe ich versucht, die verschiedenartigsten Möglichkeiten darzustellen, die an eine solche Grenzsituation, in der das Leben an sich immer in Frage gestellt ist, führen können. Das Werk kann nicht Anspruch auf eine umfassende Darstellung aller möglichen Grenzsituationen erheben. Ich habe lediglich anhand einiger Beispiele, die doch die wesentlichsten der Psychiatrie oder Psychologie sein dürften, dem Leser einen Einblick in das Leiden des Menschen in Situationen zu vermitteln versucht, in denen er an die Grenzen des Daseins vorstößt.

Danken möchte ich dem Verlag Hans Huber und speziell seinem Leiter, Herrn HEINZ WEDER, der, wie immer, mit großem Verständnis meinen Buchplan entgegennahm. Dankbar bin ich auch Herrn PD Dr. U. RAUCHFLEISCH, Psychologe an der Basler Psychiatrischen Universitätspoliklinik, der mir das Manuskript durchsah. Frau M. SARASIN-BRODBECK, Sozialarbeiterin,

9

hat mir bei der Auswahl eines Titelbildes geholfen. Meine Dankbarkeit sei ihr auch auf diesem Wege bekundet. Meinen Sekretärinnen, Fräulein URSULA TSCHANZ und Frau ROSEMARIE DUFNER-STUMP, möchte ich für ihre sorgfältige Arbeit meinen Dank aussprechen. Speziellen Dank schulde ich meiner lieben Frau, da sie immer wieder Verständnis und Geduld für meine berufliche Inanspruchnahme aufbringt und durch die Diskussion zu einer Vertiefung meiner Sicht beiträgt. Aber auch meinen drei Söhnen mit ihren wohlwollenden kritischen Erwägungen gilt mein Dank.

Wenn ich ein Buch über Grenzsituationen schreiben durfte, so ist dieser Umstand auch den Diskussionen mit Kollegen der Basler Psychiatrischen Universitätspoliklinik und ebenso all den lieben Menschen zu verdanken, die mich als Arzt und Psychotherapeut in Anspruch genommen haben. Nicht nur sie ziehen einen Gewinn aus dieser Begegnung, sondern vor allem auch ich. Durch die Teilnahme an diesen Grenzsituationen werde ich in Dimensionen hineingeführt, die mir sonst vielleicht nicht recht und nicht in solchem Maße erschlossen worden wären.

Ich hoffe nun, daß dieses Buch dazu beitragen möge, Verständnis für jene Grenzsituationen aufzubringen, die dem nicht direkt Betroffenen oft nicht leicht verständlich sind. Sollte mir das gelingen, so hätte ich damit beigetragen, den Menschen, die an Grenzbereiche ihrer Existenz herangekommen sind — und wer könnte nicht gelegentlich so weit gelangen — wenigstens eine gewisse Solidarität zu verschaffen.

Basel, im September 1980   RAYMOND BATTEGAY

1. Einleitung

Als Psychiater treffen wir oft mit Menschen zusammen, die, entweder als Folge ungünstiger frühkindlicher Erfahrungen oder aber wegen einer Prädisposition, ungenügend in der Lage sind, den Normen der Gesellschaft nachzukommen. Die Aufgabe, in einer Sozietät, die mehr und mehr Normen kennt, angepaßt zu leben, ist bereits für primär Gesunde zu einer schwierigen Aufgabe geworden. Immer wieder kommen wir an Situationen, in denen wir uns fragen müssen, ob wir uns noch weiter an äußere Anforderungen anpassen dürfen, ohne uns selbst zu verlieren. Viele Menschen der Gegenwart üben, ob an untergeordneter oder an leitender Stelle, eine Tätigkeit aus, die eine stetige Anpassung erfordert. Beinahe jeder wird sich gelegentlich die Frage stellen, wann die Grenze erreicht ist, an der er/sie sich überlegen muß, ob er/sie wie bisher wirken kann, ohne seinen/ihren Weg zu verpassen. Wenn uns keine Möglichkeiten mehr bleiben, sondern nur noch Zwänge vorherrschen, dann ist eine Grenzsituation erreicht, an der wir uns Einhalt gebieten müssen, um unseren Weg neu zu überdenken. Doch werden uns auch Zweifel kommen, wenn wir an jene Grenze stossen, bei der nur noch Möglichkeiten und keine Zwänge mehr bestehen. KIERKEGAARD (1849) erklärt in seinem Buch «Die Krankheit zum Tode» unter anderem folgendes: «Es ist nämlich nicht so, wie die Philosophen erklären, daß Notwendigkeit Einheit von Möglichkeit und Wirklichkeit ist, nein Wirklichkeit ist Einheit von Möglichkeit und Notwendigkeit.» Unsere Realität sollte demgemäß eine Einheit von freien Entfaltungsmöglichkeiten und der Notwendigkeit der Erfüllung von äußeren Norm- und inneren Zwangsanforderungen beinhalten.

In einer Welt, in der der Mensch immer neue Rekorde sucht, in der er alle Geheimnisse der Natur zu entziffern strebt, in Sphären vordringt, die noch vor kurzem völlig unaufgeklärt waren, in der er der Versuchung ausgesetzt ist, in den genetischen Code einzugreifen, in der er keine höhere Instanz mehr über sich anerkennt, sich eine Macht beimißt, welche früher nur göttlichem Ratschluß zuerkannt wurde, entwickeln sich Größenvorstellungen, die unweigerlich dazu führen müssen, daß er an die Grenzen seiner Möglichkeiten stößt. In seinem unersättlichen Streben nach Macht wird der Mensch durch die ihm eigene Krankheitsanfälligkeit und Kränkbarkeit stets an die Begrenzung seiner Möglichkeiten erinnert. Wenn das menschliche Individuum in den sozialen Bezügen für die Ewigkeit zu bauen wähnt, so kann es sich dieser Illusion nur so lange erfreuen, als es sich im Vollbesitz seiner Kräfte fühlt. Versäumt es der Mensch, seine Sterblichkeit mit in Rechnung zu ziehen, so wird er dereinst etwa, wenn er seine Tage gezählt weiß, sein Leben als verfehlt betrachten.

Bei der in der Gegenwart festzustellenden Überaktivität des Menschen einerseits und seinem gelegentlichen Verfallensein an parapsychologische Phänomene andererseits ist zu befürchten, daß er, wird er unvermittelt mit der Realität krankheitsbedingten Unvermögens konfrontiert, an die Grenzen seiner Leidensfähigkeit gelangt und an sich verzweifelt. Er versäumt es oft, sich während seines Daseins auf jene Situationen vorzubereiten, in denen er mit einem Kranksein oder mit einem Verlust einer nahen Bezugsperson konfrontiert ist.

Wenn auch in der Gegenwart auf der einen Seite mitmenschliche Bindungen nicht selten als lästig oder gar als überflüssig erlebt werden, so erschrecken auf der anderen Seite die Betroffenen dennoch oder umso mehr, wenn sie erkennen, daß in Leid und Leiden niemand zu ihnen hält. In der Geschäftigkeit ihres alltäglichen Tuns haben sie ihre Beziehungsarmut nicht erkannt. Sind sie nun aber in der Krankheit auf sich selbst zurückgeworfen, so erkennen sie im Schmerze die Begrenztheit ihrer Macht. Unversehens zu einem Häufchen Elend, ohnmächtig, geworden, werden sie an die Grenzen jenes Bereiches stossen, außerhalb dem menschliche Vorsorge, Regelung und Reglementierung nicht mehr möglich ist. Entzieht sich das «Leiben» und Leben der Kontrolle und Beherrschung, so wird dem Menschen in der Regel klar, wie zeitgebunden sein Dasein ist.

Wenig Zeit ist dem einzelnen gegeben, sich zu verwirklichen. Steht er nicht mit einer oder gar mehreren Gruppen in Verbindung, so wird nach seinem Hinschied niemand mehr seiner gedenken. In der Beziehungslosigkeit droht dem Individuum mit dem Tode eine Grenzüberschreitung, nach der niemand seiner mehr gedenkt. Das weiter «lebendige» Gedächtnis anderer Gruppenmitglieder führt umgekehrt dazu, daß das Hinscheiden doch etwas von einer absoluten Grenzziehung verliert. Da dem Menschen nichts gewisser ist als der Tod, beunruhigt ihn dessen Endgültigkeit selbst dann, wenn er sich darauf vorbereitet hat. Umso mehr muß ihn die Unruhe packen, wenn er in seinem Leben nicht für mitmenschliche Verbindungen gesorgt hat, denn nur in der über seinen Tod hinaus existierenden Gruppe bzw. in den ihr Zugehörigen lebt er weiter.

Wenn immer mehr Vereinsamte psychiatrische Hilfe beanspruchen, so drückt dieser Umstand aus, daß viele bereits bedenklich nahe jener Grenze gekommen sind, hinter der sich ihnen — in ihrer Beziehungsarmut — die Sinnlosigkeit ihrer Existenz auftut. Die psychiatrische Betreuung leiht diesen Menschen eine Partnerschaft, die, bei aller für die Therapie notwendigen Distanz, zu einer dauerhaften Präsenz eines Menschen führt, welche dem Einsamen — wieder — ein Echo seiner Existenz verleiht. Dadurch hält er sich nicht mehr in jener Leere auf, die ihn mit dem damit zusammenhängenden Einsamkeitserleben verängstigt. SIGMUND FREUDS (1904) Grundregel der Psychoanalyse, daß alles, aber auch alles in der therapeutischen Situation frei geäußert werden soll, ohne soziale Normen zu berücksichtigen, kann einem solchen Patienten weit mehr an mitmenschlicher Gegenwart bringen, als er es von seinem Alltag her gewohnt ist. Trotz — oder gerade wegen — der von FREUD (1915) geforderten Einhaltung einer Abstinenz in bezug auf jegliche Triebbefriedigung in der psychoanalytischen Situation dokumentiert der Arzt, selbst wenn er, um die freien Einfälle nicht zu behindern, hinter dem auf der Couch liegenden Patienten sitzt, eine teilnehmende Präsenz, die es dem Analysanden ermöglicht, die Grenzen seiner Isolation zu überwinden und so das Mitsein eines anderen Menschen (LUDWIG BINSWANGER, 1942) zu erleben. Die Wirkung des Psychotherapeuten kann es aber auch sein, daß eine Grenzsituation durchgestanden werden kann.

Die Abstinenzregel bedeutet also letztlich das Erleben einer Grenzsituation, in der der Analysierte einerseits auf sich selbst zurückversetzt ist, andererseits aber doch jenseits dieser Begrenzung mitmenschliche Partizipation erfährt.

Individuen, die in nur wenige mitmenschliche Beziehungen einbezogen sind, haben oft mehr als andere das Bedürfnis, Grenzsituationen zu erfahren, um erstmalig oder wieder einmal — in einer solchen extremen Befindlichkeit — sich selbst zu erfahren.

Ein 29jähriger, asthenischer, vordergründig sich unterwürfig gebender, fromm ergeben wirkender, jünger als seinem Jahrgang entsprechend aussehender Mechaniker suchte uns auf, weil er sich seit seinem 24. Lebensjahr depressiv fühlte und seit einem halben Jahr unter Kopfschmerzen litt. Er gab an, daß ein Onkel väterlicherseits Alkoholiker gewesen sei. Sein Vater, ein kaufmännischer Angestellter, sei viel beschäftigt gewesen, die Mutter, sieben Jahre jünger als der Vater, habe zu Hause das Zepter geführt. Beide Eltern sollen streng religiös gewesen und regelmäßig zur Kirche gegangen sein. Die um vier Jahre ältere Schwester lebte zur Zeit der Erstkonsultation des Patienten, zum Leidwesen der Eltern, in einem Konkubinatsverhältnis mit einem Manne.

Der Patient lutschte in seiner Kindheit lange den Daumen, kaute die Fingernägel, war einerseits sehr ordentlich und fügsam, entwendete andererseits der Mutter Geld für Naschwaren. Regelmäßig besuchte er mit seinen Eltern die Kirche, obwohl er eigentlich dagegen eingestellt war. Nach schlecht und recht absolvierter Schule und einer Mechanikerlehre eröffnete er im 24. Lebensjahr eine eigene kleine Werkstätte, ohne eine Ahnung von der kaufmännischen Seite des Geschäftes zu haben. Seit damals lebt er eigenständig in einer 3-Zimmer-Wohnung. Seine depressiven Verstimmungen begannen in jener Zeit. Die Mutter soll kurz nach seinem Auszug von zu Hause an einer Gelbsucht erkrankt sein. Der Patient litt vorher schon unter Trennungsschwierigkeiten, neigte aber nun noch zu Schuldgefühlen sowie Selbstvorwürfen und -entwertungen.

In seinem 29. Lebensjahr, etwa ein halbes Jahr bevor er uns aufgesucht hat, nahm er eine von ihrem Manne gerichtlich getrennte, aber noch nicht geschiedene Frau mit ihrem kleinen Kinde zu sich in die Wohnung. Er trug sich seither auch mit dem Gedanken, aus der Kirchgemeinde auszutreten.

Jeden Sonntag, wenn er jeweils um 9 Uhr aufstehe, leide er nun also unter Stirnkopfschmerzen. Diese Kopfschmerzen seien erst aufgetreten, seitdem er mit dieser Frau zusammenlebe. Seine Verstimmungen und seine Schmerzen hätten ihn wiederholt dazu getrieben, mit seinem Auto übermäßig rasch zu fahren. Dabei hätte er, wie er sagte, einen Unfalltod in Kauf genommen.

Es zeigte sich demnach, wie allmählich auch dem Betroffenen klar gemacht werden mußte, daß er ein blind von den Eltern übernommenes, sadistisches Über-Ich, eine archaische Gewissensinstanz hat, die ihn immer dann erreicht, wenn er nicht «gesetzestreu» lebt. Seine daraus folgenden Selbstvernichtungs- und -vernichtigungstendenzen gingen so weit, daß er plante, falls er diese Frau heiratete, deren Namen anzunehmen, und er, wie erwähnt, Geschwindigkeitsexzesse mit seinem Auto praktizierte.

Dieser schwer neurotische Mann, der vor seinem ödipalen Konflikt regressiv in seine Über-Ich- bzw. Ordnungs- und Ordentlichkeitsproblematik floh, erfuhr offenbar erst den Wert seines Lebens, wenn er beim Autorasen die Todesnähe spürte und mit ihr liebäugelte. Die Grenzsituation zwischen Leben und Tod gab ihm wieder jenen Impetus, der es ihm ermöglichte, seinem Über-Ich mit seinen maßlosen Forderungen standzuhalten.

Das «Spielen» mit dem Leben beim «rasenden» Fahren gab ihm Gelegenheit, aus seinem rigiden Koordinatensystem auszubrechen, wobei wesentlich mitgewirkt haben dürfte, daß ihm einerseits das Einhalten der mütterlichen Ordnungsprinzipien als hoch und heilig galt, er andererseits aber diese Art der Existenz nicht durchhalten konnte und wollte. Die «Rasereien» im Auto gestatteten ihm eigentlich auch den Durchbruch durch die strenge Ordnung, in der er lebte, und gleichzeitig das Herbeiführen der Bestrafungsdrohung durch das Über-Ich und die damit verbundene Todesgefährdung. Von seinen Bestrafungstendenzen zeugten ja schon seine sonntäglichen Stirnkopfschmerzen. Sie lösten ihn aber nicht aus dem Zwangssystem seiner Ordnung, sondern hielten ihn sogar noch mehr darin fest, während das sehr rasche Autofahren ihn aus seinem Sorgfaltssystem — an die Grenzen des lebend Möglichen — hinausführte. Wohl ist der «Totentanz», die «danse macabre», die im ausgehenden Mittelalter die bildende Kunst beschäftigte und zu zahlreichen gemalten Darstellungen führte, als ein fasziniertes Festhalten einer solchen Grenzsituation in Todesnähe zu verstehen. «Wie lange wird der Tod noch bezwungen werden können» oder «Wann wird der Tod der Sieger sein» sind Fragen, die uns alle gelegentlich beschäftigen.

Eine 78jährige eröffnete mir bei einer der mit ihr regelmäßig stattfindenden Psychotherapie-Sitzungen, ganz ohne depressive Grundstimmung, daß sie bald sterben müsse. Ich sagte ihr, daß der Tod noch warten könne und ich ihr noch einige Jahre eines fröhlichen Lebens wünschte, nachdem sie jahrelang (wegen narzißtischer Persönlichkeitsstörung neurotisch) depressiv gewesen sei. Irgendwie hatte ich ein aus dem Unbewußten aufsteigendes Gefühl, daß ich bei ihr mit dem Tod kämpfen müsse. Einige Zeit darauf erhielt ich die Nachricht, daß die Patientin neun Tage nach unserem Gespräch, an einem Sonntagmorgen, sanft — an Herzversagen — entschlafen sei: — Der Tod war der Sieger geblieben.

2. Die depressive Grenzsituation

Verfällt ein Individuum dem Dunkel einer endogenen oder anderweitigen Depression, so erfährt es zutiefst den Einzug der ihn ängstigenden Leblosigkeit oder aber der sinnlosen Angetriebenheit (Agitiertheit) an seinem eigenen Leib wie in seinem Erleben. Wenn auch in den letzten Jahren mehr und mehr Befunde dafür sprechen, daß den endogenen (= Melancholien) und wohl auch den anderen Depressionen eine Störung zentraler Überträgersubstanzen aus der Gruppe der Katecholamine, des Serotonins sowie der Endorphine und vielleicht noch anderer Transmitter zugrunde liegt, so stellt diese leibliche Befindlichkeit der Schwermut immer ein Erleben dar, das den Menschen an die Grenzen seiner Leidensfähigkeit bringt.

Die depressive Grenzsituation mit ihrer Stoffwechsellage kann auch erlebnisbedingt eintreten, so daß die Depression dafür zeugt, daß der Betroffene an die Grenzen seiner Verarbeitungsfähigkeit gelangt ist. Die schmerzlichen und bis ins Körperliche sich erstreckenden Oppressionsgefühle führen die Beteiligten in eine Daseinsenge, die sie höchstens deshalb aushalten, weil sie nicht einmal mehr die notwendige Energetik zur Verfügung haben, sich — aktiv — das Leben zu nehmen. Dennoch kommen die Depressiven, besonders die endogen betroffenen, nicht selten an die Grenzen ihrer Fähigkeit, das Dasein zu ertragen. Sie geraten in eine absolute Daseinsverengung, über die sie nicht hinaussehen und aus der sie nur noch eine (vermeintliche) Befreiung sehen: den «Frei»-tod. Daß ihr Entschluß in diesem Zustande tiefster Bedrückung im Grunde aber kein freier sein kann, wird ihnen nicht bewußt. Ihre Bedrücktheit und die Existenzverfinsterung sind derart, daß sie zu einer wahren Bilanz nicht imstande sind. Ihre Flucht in den Suizid geschieht aus innerer Not, einer Pein, in der sie keineswegs frei zwischen Möglichkeiten wählen können, sondern sich zur

17

Beendigung ihres Daseins gezwungen fühlen. Sie stehen in diesem Moment der Welt so gegenüber, daß sie sie nur als bedrückend erleben können. «Berge» stellen sich ihnen und ihrem Lebensvollzug entgegen, und sie erleben die Welt als unbegehbar, als für sie überdimensioniert, unwirtlich, grau, erdrückend, kalt, beängstigend. Das Nicht-mehr-leben-müssen bringt ihnen in ihrer Vorstellung Erleichterung. Vage mögen sie hoffen, daß ihr Freitod ihnen andere Dimensionen eröffne, in denen sie nicht mehr beengt sein werden durch eine für sie nicht zu bewältigende, erdrückende, frostige, äußere Realität. Diese hintergründig in Äußerungen von Depressiven sich zu erkennen gebende Hoffnung läßt vermuten, daß mit dem Suizid eine Überwindung der beengenden Zeitlichkeit gesucht wird, eine Vorwegnahme des Jenseits in den diesseitigen, sozialen Bezügen. Es sind jene Menschen, die, wie HENSELER (1974) feststellt, ein hochgespanntes Ich-Ideal aufweisen, dem sie, bei strengen Über-Ich-Anforderungen, nicht zu genügen vermögen.

Der Depressive versucht, wie TELLENBACH (1961) dargelegt hat, korrekt, geordnet und ordentlich zu leben, wobei er zutiefst immer hofft, daß er ein totales Objekt (MELANIE KLEIN, 1935) finde, eine nur gute, alles spendende Mutterbrust, die ihn in der strengen Gewissenswelt, in der er lebt, bedingungslos mit Liebe ernährte. FENICHEL (1945) spricht davon, daß Depressive im Grunde «Liebessüchtige» («love addicts») seien. Da seine überdimensionierte, nicht verarbeitete Gewissenszentrierung aber nicht einmal den Zugang zu — zumindest partiell befriedigenden — Teilobjekten gestattet, bleibt der Schwermütige aber leer, ohne wärmendes Selbstgefühl, unerfüllt, depressiv. In den Tiefen der Depression steht den Betroffenen, wie wir andernorts dargelegt haben (BATTEGAY, 1977), keine narzißtische Libido bzw. Aufmerksamkeit mehr zur Verfügung, um das Ich mit seinen Funktionen zu besetzen. Bei den endogenen Depressionen vorwiegend aus biochemischen Gründen, bei anders verursachten depressiven Zustandsbildern aus psychologischen oder somatischen Krankheitsgründen, wohl auch auf dem Umweg über die erwähnte Stoffwechselbeeinflussung, ist es den Betroffenen nicht mehr möglich, ihren Narzißmus auf das Ich, aber auch nicht auf das Über-Ich, ihr Gewissen, zu verlegen. Es tritt die Grenzsituation ein, bei der das Ich als fremd und das Über-Ich als archaisch-grausam, streng und fordernd erlebt werden. Ein Suizid kann auch deshalb eher vollzogen werden, weil das Ich nicht mehr mit Eigenliebe versehen und das Über-Ich als nur noch mitleidslos-bestrafend erfahren wird.

Es ist nicht so, wie FREUD (1916) und ABRAHAM (1916) annahmen, daß in der Melancholie ein Rückzug der Libido auf den Narzißmus erfolgte. Vielmehr treffen wir bei den Depressiven auf den Umstand, daß sie überhaupt keinen Narzißmus mehr zur Verfügung haben. Sie behandeln deshalb, wie FREUD und ABRAHAM richtig beobachteten, das Ich so, wie wenn es ein fremdes wäre, nicht aber so sehr, weil sie eine nahe Bezugsperson, von der sie vergeblich vieles erwartet hätten, introjiziert haben, sondern eher weil, wie gesagt, die narzißtische Libido oder Aufmerksamkeit vollkommen versiegt und sie weder ihr Ich noch ihr Über-Ich, noch ein Objekt, eine Bezugsperson, narzißtisch zu besetzen vermögen. Es ist diese zentrale Erkrankung des Narzißmus — die wohl mit der erwähnten Störung zentraler Transmittersubstanzen zusammenhängt —, die es den Depressiven verunmöglicht, ihr eigenes Ich und ihr Über-Ich mit Liebe zu versehen. Es wird so nicht nur ihre erlebensmäßige Ich-Repräsentanz zu einer Last, sondern auch ihr Körper-Ich, ihre Körperlichkeit. Die sie oft — zusätzlich oder scheinbar ausschließlich — belastenden vegetativen Störungen und Schmerzempfindungen sind Zeichen dafür, wie sehr ihr Körper der narzißtischen Wärme entbehrt. Nur bei einer entsprechenden narzißtischen Besetzung des Körpers vermag ein Mensch beschwerdefrei zu leben. Den Depressiven gelingt es nicht mehr, narzißtische Aufmerksamkeit aufzubringen und somit dem Körper zu einem einwandfreien und deshalb unbeachteten, unbewußt lustvoll erlebten Funktionieren zu verhelfen. Bei diesem Versiegen des narzißtischen Lebensflusses, des narzißtischen Erkennens, kommt es dazu, daß die Depressiven nicht mehr Schritt zu halten vermögen mit ihrer mitmenschlichen Umwelt, da sie aus dem interaktionellen System mehr oder weniger herausgestellt sind. Damit befinden sich die Menschen, die sich in einer Depression befinden, in einem Zustand, in dem sie die sozialen Regeln nicht mehr zu befolgen vermögen, in einem Zustand der Anomie (DURKHEIM, 1893, MERTON, 1957).

Dabei spielt es keine Rolle, welche Art der Depression vorliegt. Immer ist der Betroffene im Status der schweren depressiven Befindlichkeit, zumindest subjektiv, herausgestellt aus dem Lebensgeschehen. Wir müssen aus der Ähnlichkeit des klinischen Bildes annehmen, daß psychogene, endogene, symptomatische und organische Depressionen (KIELHOLZ, 1965) die erwähnte Tatsache zur Grundlage haben, daß sie ihr Ich nicht mehr narzißtisch zu besetzen vermögen. Wir haben, wie angeführt, allen Anlaß zur Annahme, daß das depressive Syndrom, unabhängig von dessen Auslösung, durch «psychogene», «endogene» oder «somatogene» Faktoren, auf der gleichen Stoffwechselstörung basiert. Auch müssen wir uns ernsthaft fragen, ob nicht alles, was als reaktive oder neurotische Depression oder als depressive Entwicklung infolge von dauerhaften (bewußten) Milieubelastungen angesehen wird, meist mit auf einer konstitutionellen Prädisposition beruht, es sei denn, es habe eine Extremsituation vorgeherrscht, die das Leiden hervorgerufen hat.

Wir halten es bei diesem Aspekt mit LUDWIG BINSWANGER (1960), der, sich auf BUMKE (1924) stützend, betont, dem Beiwort «reaktiv» lediglich die Bedeutung einzuräumen, daß man sagen könne, «der Kranke wäre ohne diesen Anlaß *jetzt nicht* krank geworden; aber er wäre auch trotz des Anlasses gesund geblieben, wenn er nicht seine Konstitution in sich trüge.» Damit nimmt BINSWANGER an, daß alle, die diese depressive Grenzsituation als Möglichkeit in sich haben, genetisch prädisponiert sind.

Von den depressiven Befindlichkeiten, die immer eine mehr oder weniger begrenzte Zeit des «aus der Welt-gestellt-Seins» darstellen, haben wir die normale Trauer abzugrenzen, wie es FREUD in seinem Werke «Trauer und Melancholie» (1916) getan hat. Trauer führt einen Menschen nicht in eine Grenzsituation, sondern in einen Zustand, in dem er ihm widerfahrenes Leid gefühlsmäßig verarbeitet. Die Trauer bringt den Menschen nicht wie die Depression außerhalb der Leidensfähigkeit. Trauer kann, bei ihrer Verarbeitung, eine Bereicherung mit sich bringen. Aus den Depressionen entsteht in der Regel, nach deren Überwindung, kein erlebnismäßig bereicherndes Vorstellungsvermögen, es sei denn, es werde nach Aufhellung aus der Depression versucht, das krankhaft Erlebte mit einem Psycho-

therapeuten — oder eventuell allein — durchzuarbeiten (Bo-
DENHEIMER, 1957). Es hat ein Aufstieg aus dem Zustand einer
schmerzenden Leblosigkeit stattgefunden, die, außer bei be-
sonderer Bemühung, nicht oder kaum als solche erinnerbar ist.
An die Trauer kann sich der Betroffene später entsinnen. Er
vermag davon zu berichten, nicht ohne daß zumindest eine gewisse emotionelle und kognitive Bereicherung damit verbunden
wäre. Es ist daher nicht richtig, wenn wir bei den (endogen
oder anderweitig) Depressiven sagen, daß sie trauriger Stimmung seien. Ihr schweres Los während des Leidens bzw. der
Krankheitsphasen ist es vielmehr, daß sie höchstens noch eine
schmerzende Befindlichkeit, nicht mehr aber die Emotionalität
der Trauer erleben können.

Eine 51jährige Frau, die in ihrem 27. Lebensjahr einen
um 4 Jahre jüngeren Mann geheiratet und von ihm vier
Söhne geboren hat, war als stilles, sensibles Kind bei re-
soluter, dominanter Mutter und ruhigem Vater in geord-
neten dörflichen Verhältnissen aufgewachsen. Sie verleb-
te eine geregelte Kindheit, war immer eine mittelmäßige
Schülerin. Der Wunsch, Krankenschwester zu werden,
konnte aus finanziellen Gründen nicht verwirklicht werden. Sie mußte sich mit Bürotätigkeit zufrieden geben.
Später arbeitete sie als Zahnarztgehilfin. In ihrer Ehe
verhielt sich die Patientin von Anfang an dominierend.
Zu ihren Söhnen unterhielt sie eine innige Beziehung.
Nachdem der jüngste im Militärdienst eine emotionale
Krise durchgemacht hatte, reagierte die Mutter mit
schweren Schuldgefühlen und Depression. Sie konnte es
nicht verarbeiten, daß der Sohn sich ängstigte, geistes-
krank zu werden. Kurz darauf, in ihrem 51. Lebensjahr,
wenige Wochen vor Weihnachten, verübte sie einen
schweren Suizidversuch durch Schnitt in den Thorax. Es
stellte sich ein Pneumothorax ein. Sie wurde nur kurz im
Spital behandelt. Nach ihrer Rückkehr nach Hause trank
sie eine Flasche mit 10%iger Salzsäure aus. Es gelang ihr,
ihre Verätzung während 24 Stunden zu verheimlichen.
Schwer depressiv wurde sie in ein allgemeines Spital eingewiesen. Danach blieb sie während drei Monaten psy-

chiatrisch hospitalisiert. Sie war depressiv-gehemmt, verschlossen, resigniert und nicht imstande, mit irgend jemandem Kontakt aufzunehmen. Es zeigte sich im Verlauf von Einzel- und Gruppenpsychotherapie im Spital, daß die mit sich und mit der Umwelt recht strenge Patientin nur auf die Familie zentriert gelebt und seit Wegzug des jüngsten und letzten Sohnes eine unausfüllbare Leere verspürt hatte. Der gefühlsmäßig verschlossene Ehemann war nicht in der Lage, sie auszufüllen.

Die Krise des Sohnes hatte diese Frau an die Grenze dessen gebracht, was sie erdulden konnte. Die schon zuvor verspürte Aufgabenlosigkeit, die erlebte Sinnlosigkeit ihres Daseins und die dazukommenden Schuldgefühle wegen des Leidens ihres Sohnes führten zu einer Grenzsituation, die die Patientin in eine schwere Depression und darauf folgende zwei Suizidversuche trieb.

Am Beispiel dieser Frau kann gesehen werden, daß die Depression nichts mit Trauer zu tun hat. Es tat ihr nicht bloß leid, daß der Sohn eine Krise durchgemacht hat. Sie konnte diesen Umstand in keiner Weise emotional verarbeiten, war dadurch sofort aus ihren — wenigen — Lebensbezügen geworfen und Opfer ihrer eigenen Schuldgefühle sowie wohl auch daraus folgender Aggressionen gegen ihre Familie geworden. Die Depression und die gefährlichen Suizidversuche markierten die Grenzsituation, in der sich diese Frau befand, und die sie mit dem Suizid zu beheben erwartete.

Diese Patientin wurde schon deshalb in eine Grenzsituation versetzt, weil sie, außer der Sorge für ihren Sohn, der als letzter zu Hause geblieben und im Militärdienst krank geworden war, keine Zielsetzungen mehr im Leben hatte, so daß sie der drohende Verlust dieses Daseinsbezuges an die Grenze der Beziehungslosigkeit brachte. Sie mußte die damit verbundene Vereinsamung als bedrohlich erleben, da sie bisher kaum innerlich darauf vorbereitet war, ein Leben ohne ihre Söhne auf sich zu nehmen. Besonders die Krankheit des Sohnes hat ihr aufgezeigt, daß das Leben für einen anderen Menschen, selbst wenn es der eigene Sohn ist, nicht schon an und für sich eine Sinnerfüllung mit sich bringt.

22

In unserer psychiatrischen Sprechstunde erleben wir es oft, daß Frauen in mittleren Jahren depressiv zu uns kommen und darüber berichten, daß sie ihr Leben als sinnlos betrachten, nachdem ihre Kinder aus dem Hause ausgezogen seien. Sie fühlen sich nutzlos und dementsprechend an einer Grenze, an der sie sich entscheiden müssen, ob sie ihr Leben neu ordnen, eine neue Besinnlichkeit oder Tätigkeit ins Auge fassen, oder aber sich weiter dem Gefühl hingeben wollen, die Sinnerfüllung zu verpassen.

Als Psychiater haben wir diesen Frauen immer wieder zu zeigen, daß das Leben nicht nur an der äußeren Leistung gemessen werden darf. Wir haben sie darauf hinzuweisen, daß das Erleben an sich schon einen Sinn hat. Ferner haben wir sie dahingehend anzuleiten, daß sie immer wieder eine positive Bilanz ihres Lebens ziehen. Diese Menschen wollen jedoch nicht billigen Trost. Sie wollen in ihrer Not angenommen und verstanden werden. Doch haben wir ihnen auch aufzuzeigen, wie sehr sie geneigt sind, das, was sie getan haben, unterzubewerten. Es ist also eine Neuorientierung und -konditionierung dieser Menschen notwendig, nicht etwa so sehr auf eine neue, erfüllende Tätigkeit, sondern vor allem auf eine positive Lebensbetrachtung.

Auch Männer, die sich nicht genügend für ein Dasein ohne Beruf vorbereitet haben, können in die Grenzsituation eines «Pensionierungsbankrotts» geraten. Ebenso wie bei den erwähnten Frauen ist es bei ihnen nötig, sie auf die Notwendigkeit hinzulenken, ihr Leben wohlwollender zu betrachten. Daneben werden wir darauf zu achten haben, sie für die Aufnahme einer als sinnvoll erlebten Freizeitbeschäftigung und für eine Erweiterung ihres zwischenmenschlichen Kontaktbereiches zu gewinnen.

Bei schwerer Depression werden wir nicht darum herumkommen, den Betroffenen antidepressiv wirkende Psychopharmaka zu verschreiben, weil oft nur damit jene Stimmungshebung möglich ist, die es ihnen gestattet, eine neue Zielrichtung in ihrem Leben anzuvisieren. Die Antidepressiva heben die Betroffenen aus der Grenzsituation der bedrückten Verzweiflung hinaus in einen Bereich, in dem sie zwischenmenschlichen Beziehungen gegenüber offen sein können. Wie wir heute wissen, wirken die Antidepressiva auf den Gehirnstoffwechsel der Betroffenen ein. Damit ist auch eine psychologische Wirkung gegeben. Es gelingt so, die Depressiven aus der gefährdenden Grenzsituation der schmerzlich erlebten Todesnähe herauszuholen und sie wieder für das Leben zu gewinnen und zu interessieren.

3. Die süchtige Grenzsituation

Seit den Forschungen von ADOLF PORTMANN (1944) ist bekannt, daß der Mensch als «physiologische Frühgeburt» zur Welt kommt und deshalb, im Unterschied zu ihm verwandten Tieren (Primaten) noch eines — sozialen — Uterus bedarf, um sich sicher und geborgen erleben zu dürfen. Nur dann kann er jene für ihn entscheidende gefühlsmäßige Wärme erhalten, die für das gesunde Gedeihen seines Selbstwerterlebens unabdinglich ist. Schon allein die Körpertemperatur muß beim Menschen bekanntlich im ersten Lebenshalbjahr von außen her reguliert werden. Es ist also in dieser Zeit auch physikalisch eine Wärmezufuhr notwendig. Ausschlaggebend für die Entwicklung des Kindes in dieser Phase und in den ersten beiden Lebensjahren überhaupt ist aber die emotionale Wärme und Stimulation. Forschungen von BOWLBY (1951), SPITZ (1960) und der beiden ROBERTSON (1972, 1975) haben ergeben, daß längerdauernde mütterliche Unterversorgung durch Heimunterbringung zu schwerwiegenden depressiven Zustandsbildern («anaklitischer» Depression), zum Marasmus und sogar zum Tod des Kindes führen kann. Zu einer ähnlichen Feststellung kamen die beiden HARLOWS (1967) bei Beobachtung von Primaten. Bereits kurzzeitige Trennungen von den Müttern haben schwerwiegende Mangelerfahrungen zur Folge, wenn nicht eine Ersatzperson stellvertretend die Mutterrolle übernimmt. Individuen, die früh nur ungenügend dieses Wärmegefühl und die notwendige Anregung haben durften, werden zeitlebens — mehr oder weniger süchtig — danach trachten, auf alle möglichen Weisen noch zu jener Erfahrung zu gelangen, die sie von der mitmenschlichen Präsenz überzeugen könnte, oder sie werden nach Ersatzobjekten Umschau halten, um die nicht erfahrene Wärme und Stimulation kompensieren zu können.
Die süchtige Fehlhaltung (VON GEBSATTEL, 1954) solcher In-

dividuen drückt sich darin aus, daß die Betroffenen auf der einen Seite ungeheure Erwartungen in ihre mitmenschliche Umgebung und die Gesellschaft hegen, auf der anderen Seite aber damit zwangsläufig von der Umwelt enttäuscht sein müssen, in Opposition und später in Resignation verfallen.

Der Drogenabhängige, ja selbst der Alkoholkranke versuchen mit ihrer süchtigen Gifteinnahme aber nicht nur, ihr Leiden an dem subjektiv — oder objektiv — erfahrenen Mangel an Mitmenschlichkeit zu betäuben, sondern es zeigt sich in ihrer Haltung auch ein Protest gegen die Norm (VON SIEBENTHAL, 1956), deren sie nie teilhaftig geworden sind und werden. Es liegt im süchtigen Weltbezug mit eine aggressive Komponente begründet. Die Eltern, die Familie, die Gesellschaft, die diese Menschen nicht genügend umsorgt, «ernährt» haben — oder deren Fürsorge von den Betroffenen als ungenügend registriert wurde —, sollen ihr wirkliches oder als solches erlebtes Versagen aus eigener Erfahrung kennen lernen. Der Umgebung soll heimgezahlt werden, was sie versäumt hat.

Das Zerstörungswerk richtet sich aber nicht nur gegen die Mitmenschen, sondern auch gegen die Betroffenen selbst. Die süchtige Drogen- oder Medikamenteneinnahme, das übermäßige Trinken oder das maßlose Rauchen schädigen naturgemäß in erster Linie die Süchtigen. Es wird deshalb immer wieder davon gesprochen, daß die süchtige Mitteleinnahme ein langsamer Suizid sei. Wir haben allerdings in einer Arbeit bereits vor Jahren (BATTEGAY, 1965) festgestellt, daß die Süchtigen ihre Selbstmordversuche im Durchschnitt 10 Jahre später durchführen als eine unausgewählte Suizidversuchspopulation. HAENEL (1979) weist darauf hin, daß das Suchtmittel diesen mangelnd Lebensfähigen vorerst helfe, ihre dauernde Überforderung und ihre mangelnde Entfaltung in ihrem Leben — als eine Art Suizidäquivalent — zu überbrücken. Das Suchtmittel würde es den Betroffenen gestatten, sich an der Grenze zwischen Tod und Leben zu bewegen, ohne daß sogleich die letzthinnige Konsequenz gezogen werden muß. Da die Suizidversuche und Suizide bei den Süchtigen aber dennoch sehr häufig sind und die Versuche, sich mit Hilfe von Suchtmitteln selbst zu heilen, naturgemäß vergebliche sind, liegt es auf der Hand anzunehmen, daß die Betroffenen teils aus anlagemäßigen

Gründen, teils infolge Aufwachsens in ungünstigen Lebensumständen nur mangelnd in der Lage sind, ihr Leben zu bewältigen.

Ein 27jähriger Mann, der regelmäßig Cannabis und Heroin konsumierte, wurde unserer Poliklinik zugewiesen, nachdem er sich eine Überdosis Heroin injiziert hatte. Er war, nachdem die Eltern in seinem zweiten Lebensjahr voneinander gegangen waren, zusammen mit seiner um ein Jahr jüngeren Schwester, bei der Mutter aufgewachsen, bis sie in seinem neunten Lebensjahr starb. Bei der Muttersmutter konnte er nicht bleiben, so daß er ins Waisenhaus kam. Er war dort bis zu seinem 17. Lebensjahr untergebracht. Stets erlebte er sich als wenig geborgen, als ausgeschlossen aus der Gruppe, als Einzelgänger. Gerne hätte er aber im Mittelpunkt gestanden. Ein Arzt habe ihm dann Amphetamin verschrieben, weil er eine Narkolepsie bei ihm angenommen habe. Der Patient verwendete schließlich dieses Mittel in süchtiger Weise. Vorübergehend spritzte er sich Heroin. In seinem 23. Lebensjahr gelang es ihm, damit aufzuhören. Lange blieb er aber schlaflos, und er mußte sich mit Metaqualone und anderen Mitteln künstlich zum Schlaf verhelfen. Er arbeitete als Buffetbursche und in Bars, hatte vorübergehend eine Freundin. Der Patient wurde hierauf wegen seiner Sucht in einer psychiatrischen Klinik behandelt. Wegen illegalen Drogenhandels mußte er eine Gefängnisstrafe in einer Arbeitserziehungsanstalt absolvieren. Danach blieb er eine Zeit lang drogenfrei. Doch trat in seinem 26. Lebensjahr ein Rückfall ein, und er brach eine begonnene Lehre ab. In seinem 27. Lebensjahr kam er erneut als Notfall zu uns, nachdem er die Fassade eines Wohnhauses hochgeklettert war, weil er die Schlüssel nicht gefunden hatte und wegen einer Platzwunde am Hinterkopf chirurgisch versorgt werden mußte. Er war uns von den Chirurgen zugewiesen worden. Da der Kranke zu einer Behandlung nicht motiviert war, wurde er, auf sein ausdrückliches Verlangen, nach Hause entlassen.

Dieser Mann, der in seiner Kindheit nirgends ein zu Hause hatte, wurde durch das ihm wegen seiner Narkolepsie therapeutisch verordnete Amphetamin auf die Möglichkeit aufmerksam, sich mittels eines Suchtmittels über innere Leere, Enttäuschung und Konflikte hinwegzutäuschen. Dabei nahm er die Lebensgefährdung durch Heroininjektionen in Kauf. Auch stieß er über die Grenzen des Legalen hinaus, indem er mit Drogen handelte. Seine Fassadenkletterei, die ihn in seine Wohnung führen sollte, zeigt einerseits, wie sehr er bereit ist, sein Leben aufs Spiel zu setzen, offenbar um sich selbst zu erfahren, andererseits aber auch, wie sehr er sich nach seinem eigenen Heime sehnt, das ihm offenbar doch eine gewisse Geborgenheit vermittelt.

Die Menschen, die sich mit Hilfe eines süchtigen Lebensvollzuges in eine Grenzsituation begeben, erhoffen im Grunde genommen immer, daß sich ihnen ein — nie erlebtes oder verloren geglaubtes — Paradies eröffne. Das Suchtmittel, z. B. die Droge, soll ihnen schon durch seine pharmakologische Wirkung jene lustvollen Bereiche erschließen, die ihnen sonst verborgen blieben. Daß sie unersättlich sind und stets von neuem das süchtige Verhalten wiederholen, ist nicht nur der Gewöhnung an die pharmakologische Wirkung eines Mittels zuzuschreiben oder gar der Abhängigkeit von einer Droge bzw. von einem Medikament, es führt auch eine süchtig betriebene Tätigkeit, z. B. süchtiges Sammeln, in der Regel zu einem erhebenden Lustgefühl. Diese Lust soll stets aufs neue belebt werden. Die Betreffenden wiederholen das süchtige Verhalten so lange, bis sie in gefährliche Grenzsituationen geraten. Nach WAGNER (1954) strebt der Mensch ganz allgemein danach, über die ihm zugeordnete Welt hinweg, «Überstiege» zu vollziehen. In den Drogen und im Alkohol liegt die Versuchung, die Überstiege leichter zu erlangen, sich in eine künstliche Gehobenheit zu flüchten. Dabei besteht ständig die Gefahr, daß das Leben — vielleicht endgültig — verpaßt wird.

Wie HENSELER (1974) zu Recht feststellt, haben Menschen, die Suizidversuche ausführen, oft zu hochgespannte Ich-Ideale. Ihre Selbstmordhandlung ist dann nicht etwa Beweis für einen freien Entscheid, sondern für die sonst nicht zu befriedigende Sehn*sucht,* in den diesseitigen, sozialen Bezügen ein besseres, höheres Dasein und mehr mitmenschliche Zuwendung zu erfahren (BATTEGAY und HAENEL, 1979). Die Suizidhandlung entspräche demnach bei diesen Menschen einem übersteigerten Lebens- und Liebesbedürfnis, das, weil es in der realen Welt nie befriedigt werden kann, in einer Art Sucht die Überwindung der dem Menschen gesetzten Grenzen herbeiführen möchte.

Medikamenten- und Drogenabhängige steigern etwa die Dosis eines Mittels wegen Toleranzsteigerung in bezug auf den Wirkungseintritt, so daß die wirksame Dosis gleich hoch wird wie die letale. Wird eine solche Menge eingenommen oder gespritzt, droht der Tod. Doch wird eine solche Grenzsituation nicht nur auf dem Weg über die Drogen und Medikamente erreicht. Der Gerichtsmedizin sind beispielsweise Menschen bekannt, die ihren Kopf bzw. ihren Hals süchtig in eine Schlinge legten, um bei dem damit verbundenen Druck auf die Karotisregion einen Orgasmus zu erleben. Die Betroffenen nehmen es in Kauf, daß jederzeit der Schemel oder der Stuhl, auf dem sie stehen, durch die Bewegungen beim Orgasmus umstürzen kann. Es scheint diese Grenzsituation zwischen Leben und Tod die Lust zu erhöhen. Dieser süchtig vollzogene Sexualakt hat schon viele Menschenleben gekostet. Die Gerichtsmedizin spricht beim letalen Ausgang dieser Sexualpraxis von einem «autoerotischen Betriebsunfall».

Die Süchtigen, in ihrer Kindheit stets mangelhaft mit Selbstliebe ausgestattet, suchen ihr krankes Selbst mit Hilfe äußerer Mittel zu stützen. Sie hoffen, von außen zu erhalten, was sie an innerer Wärme, weil sie sie als Kinder nicht bekommen haben, nicht besitzen. Die Süchtigen trachten stets nach einem Selbstheilungsversuch. Die Heilung soll ihnen jene Größe und jene Weite bringen, die sie ihr Zukurzgekommensein und ihre Enge vergessen und überwinden ließe.

NIETZSCHE läßt Zarathustra fragen:

«Wie wird der Mensch *überwunden?*», und er sagt weiter:
«Der Übermensch liegt mir am Herzen, der ist mein
Erstes und Einziges — und nicht der Mensch: nicht

der Nächste, nicht der Ärmste, nicht der Leidendste, nicht der Beste. —

— Oh meine Brüder, was ich lieben kann am Menschen, das ist, daß er ein Übergang ist und ein Untergang. Und auch an euch ist vieles, das mich lieben und hoffen macht.»

NIETZSCHE ersehnte sich offenbar die Überschreitung der Grenze vom schwach-leidend Menschlichen einerseits zum Lebensbedrohlich-Untergehenden und andererseits zum Erhaben-hehren, das den Menschen über sich hinaus brächte. Seine Erhebung und sein Niedergang sind es, die ihn an die Grenzen des Erfahrbaren und somit unter oder über das hinaus brächten, zu was er im banalen Alltag verpflichtet zu sein glaubt.

Der Süchtige sucht immer, mit Hilfe eines äußeren Mittels jenseits der Sphäre zu gelangen, in der er leben muß. Er ist am Erleben seiner — nicht gekonnten — Alltäglichkeit und Banalität krank und möchte mit Hilfe des Suchtmittels seine Grenzen überschreiten. Die überall erlebten Begrenzungen machen ihn krank (= «siech» = süchtig). Die Welt wird für ihn wahrlich zum Siechenhaus, und deshalb versucht er, seine Begrenztheiten zu sprengen. Während der sogenannte Normale in seiner Kindheit genügend mitmenschliche Liebe, Wärme und Anregung erfahren hat und deshalb seine Alltäglichkeit zu ertragen vermag, wird dem Süchtigen das Gewöhnliche zuviel, weil er früher nicht genügend Eigenliebe erworben hat, um damit die soziale Realität ertragen zu können. Im Grunde genommen ist der Süchtige aber nicht von vorneherein ein asoziales Individuum. Er möchte vielmehr zutiefst als normaler Bürger anerkannt werden. Es fehlt ihm aber jenes konsistente Selbst (KOHUT, 1971, 1977), das nur bei einer als warmherzig erlebten Erziehung entstehen kann und welches allein es ihm ermöglichte, den Alltag als solchen durchzustehen.

Der Griff zum Suchtmittel ist ein Selbstheilungsversuch, der es dem Betroffenen ermöglichen sollte, sein schwaches Selbst (BATTEGAY, 1977) zu stärken. Damit erhofft der Süchtige, über die Begrenzungen hinaus zu kommen, die ihm durch sein beeinträchtigtes Selbstwerterleben gesetzt sind. Daß ihn dabei das Suchtmittel an den Rand des Todes bringen kann, ängstigt ihn zwar, doch er hofft, daß dieses Existieren an der Grenze zwischen Leben und Tod ihm, mit seinem Unwerterleben, aufzeigen wird, daß das Dasein, das enden könnte, doch mehr wert ist, als er es zuvor ahnte.

Auch wenn Sammler Bilder anhäufen oder sonstige Objekte zusammenkaufen, so geschieht es im Grunde vielleicht deshalb, weil sie ihrem Leben sonst keinen oder zu wenig Wert zu verleihen vermögen. Oft dürften es Menschen sein, die infolge frühkindlicher Mangelerlebnisse ein Defizit an Selbstwerterleben aufweisen und mit Hilfe der gesammelten Objekte ihr «narzißtisches Loch» (AMMON, 1974) aufzufüllen versuchen. Gleichzeitig leben sie stets in einer Grenzsituation, da sie, mit ihrem meist strengen, archaischen, blind von Autoritäten übernommenen, unintegrierten Über-Ich stets wieder vom Unwerterleben bedroht sind. Ihre Sammel-«Wut» wäre unter diesem Aspekt ein ständiges Darbringen von «Opfern» ihrem Über-Ich gegenüber.

Das Leben in solchen Grenzbereichen, mag es bewußt oder nur unbewußt als solches wahrgenommen werden, hat sicher Ängste im Geleite. Doch schon allein die sich mit der Kompensation ihres beeinträchtigten Narzißmus ergebenden Größenvorstellungen haben auch wieder Erhebendes an sich, so daß ein solches Leben in einem Grenzbereich zwischen Wert und Unwert, Leben und Tod auch als etwas Besonderes, Außergewöhnliches und deshalb Gratifizierendes erlebt werden kann. Wir fragen uns in diesem Zusammenhang, ob das süchtige Bemühen mancher Politiker, in die obersten Positionen der Machtstrukturen, selbst in unseren Demokratien, zu gelangen, nicht der Angst dieser Menschen entspringt, für immer im Grenzbereich der Ohn-macht leben zu müssen. Der abgewehrte Unwert würde sich in Machthunger niederschlagen.

4. Die schizophrene Grenzsituation

Bei Anbruch der schizophrenen Psychose steht der Betroffene oft vor der peinigenden Frage, welchem Geschehen er mehr Bedeutung beimessen soll: dem Inneren seines Phantasielebens oder aber demjenigen der äußeren Realität. Beim Fortgang der Psychose nehmen die Wahrnehmungen des Innenlebens, die hochsteigenden, zuvor unbewußten Inhalte den Betroffenen immer mehr in Beschlag. Die Grenze zum Bereiche der nicht mehr beherrschbaren Welt unbewußter Vollzüge ist überschritten. Teilweise fasziniert, teilweise von Panik ergriffen, schreitet der so Erfaßte immer mehr in Richtung psychotischer Chimären. Sein schwaches und brüchiges Ich vermag seine Funktion als zentral integrierende Instanz aller psychischen Bereiche nicht mehr zu erfüllen. Die Überflutung mit unbewußten Phantasien kommt daher, daß fragmentierte Ich-Anteile von ungesteuerten, unbewußten Inhalten erfaßt werden. Das Geschehen, das sich in der Phantasiewelt dieser Menschen vollzieht, wird in die Außenwelt projiziert, weil die verschiedenen Ich-Fragmente sich gegenseitig und das vom Es bzw. vom Unbewußten aufsteigende Material nicht mehr als zu sich gehörig erleben. Es kommt entsprechend zu neuen Grenzziehungen. Grenzen zwischen den diversen Ich-Anteilen werden offenbar, während die Abgrenzung zwischen Innen- und Außenwelt fällt. Die Kranken können vor oder bei Beginn der Psychose in schwerste Ängste und Gefühle der Todesbedrohung, in eine «Weltuntergangsstimmung» verfallen. Sie sind verängstigt, weil sie zutiefst spüren, daß sie jene Grenze überschritten haben, die man normalerweise nur im Traumgeschehen passiert. Sie leiden unter dem Gefühl, den Tod — als bewußte Menschen — zu erleiden. Es ist also die Grenzsituation gegeben zwischen dem Menschen, der sich noch als Bewußter aus sich hinausstellen kann, und jenem, der gänzlich den unbewußten Prozessen in ihm, jenem Geschehen, das FREUD (1913) als Primärvorgang bezeichnet hat, ausgeliefert ist.

So erleben wir es immer wieder, daß Menschen bei Anbruch schizophrener Psychosen sich ängstigen, unterzugehen. Es wird ihnen zwar nicht bewußt, daß sie psychotisch werden, doch spüren sie irgendwie, daß sie als kohärente Individuen bedroht sind. Es beginnen sich bei ihnen die gedanklichen Zusammenhänge zu lockern, und sie spüren, daß sie bzw. ihr Ich die Herrschaft über ihre psychischen Funktionen verlieren.

Ein 27jähriger Studierender der Jurisprudenz sagte vor Pfingsten 1978, daß er Angst vor diesem Feiertag habe. Man solle acht geben. Es werde sich dann etwas ereignen. Am Freitag vor Pfingsten erschien er dann plötzlich in verklärter Haltung vor seinen Kameraden. Er sprach von der Welt als seiner Mutter — die Mutter lag in Wirklichkeit auf den Tod, an einem Karzinom, krank zu Hause. — Bald darauf wurde er mutistisch. Die Nahrung mußte ihm eingegeben werden. Dabei ließ er sie immer wieder aus dem Mund gleiten. Es konnte schließlich kein Kontakt mehr mit ihm hergestellt werden. Doch er ließ sich ohne weiteres in eine psychiatrische Klinik bringen. Bereits nach 4 Tagen neuroleptischer Behandlung konnte er dort entlassen werden. Der Patient hatte, wenn auch unbewußt, gespürt, daß er vom Untergang als Bewußter bedroht war. An Pfingsten wäre er weitgehend allein gewesen in dem Studentenheim, in dem er wohnte. Er wäre somit auf sich allein abgestellt und somit vermehrt seinem Unbewußten ausgesetzt gewesen. Der junge Mann hatte eine Ahnung davon, daß er die Grenze des Bereiches überschritten hatte, in dem er sein Leben irgendwie meistern konnte, besonders nachdem er bereits ein Jahr zuvor einmal eine ähnliche Phase erlebt hatte.

Er berichtete, im Zusammenhang mit seiner Angst, über folgenden Traum: «Ich komme heim (in das Elternhaus), gehe durch das Wohnzimmer, durch den Garten. Das Licht brennt. Ich bin entsetzt darüber. Überall hängen Spinnennetze und Raupen an Fäden von der Decke, und ich muß mich durchkämpfen. Ich mache den Eltern

Vorwürfe deswegen.» Wie er sagte, störten ihn die Raupen nicht, denn seine Freundin habe solche Tierchen gezüchtet. Doch habe ihn erschreckt, daß das Haus, in dem er sich sonst so gut zurechtgefunden habe, durch Spinnennetze beinahe undurchgehbar geworden sei. Wohl verspürte er in seinem Traum die Möglichkeit, daß das Elternhaus, in dem er sich früher so gut zurecht gefunden hatte, für ihn trotz dem brennenden Licht ganz mit Spinnennetzen verhangen und damit kaum begehbar geworden war. Zwar brannte noch das Licht, doch war es ihm nicht wohl dabei. Er warf das Brennenlassen der Lichter den Eltern sogar vor. Das Erschrecken des Patienten hatte sich aber ergeben zu einer Zeit, in der er sich noch kein sicheres eigenes «Haus» errichten konnte und das Elternhaus durch den drohenden Tod der Mutter als gefährdet erlebte. So hatte er einerseits die frühere sichere Behausung verloren und andererseits gefühlt, daß er noch nicht imstande war, ein anderes «Haus» für sich zu bestellen. Damit stand er aber an der Grenze existentieller Not. Sein schwaches Ich brach auseinander, und der Psychose war Tür und Tor geöffnet.

Nachdem er von der Umgebung bereits wieder als gesund betrachtet worden war, berichtete der Patient, daß er wohl äußerlich als normal erscheine, doch innerlich immer noch allen Geschehnissen in der Umwelt eine Bedeutung beimesse. Dabei wisse er jeweils nicht, ob dieser Bedeutungsgehalt stimme oder nicht. Der Kranke befand sich damit immer noch in einer Grenzsituation zwischen gesund und krank. Seine Ich-Grenzen waren noch durchlässig, und er konnte kaum zwischen Innen- und Außenwelt unterscheiden. Er stand vor einer Schlußprüfung in seinem Studium und hatte sich dafür vorzubereiten. Auch dabei wußte er nicht immer, ob er nicht einige Prüfungsfächer bereits abgeschlossen habe, obschon er in Tat und Wahrheit noch gar nicht in das Examen gestiegen war. Der Patient ließ sich sehr leicht davon überzeugen, daß er das reale Geschehen durch unbewußte Vorstellungen fehldeute. Der Arzt erklärte ihm, daß offenbar die unbewußten Erlebnisse ihn sehr faszinierten, er, der Therapeut, aber hoffe, in ihm einen Partner in der äußeren Realität zu erhalten, der sich auch auf die Prüfung sachgemäß vorbereite. Der Kranke erwies sich, wie bereits sein mimischer Ausdruck zeigte, als dankbar für dieses Bemühen um ihn, denn damit war ein Gegengewicht diesseits der Grenze zwischen Bewußt und Unbewußt gesetzt, das die Anziehungskraft des Unbewußten bis zu einem gewissen Grade auszugleichen vermochte. Diese Aufgabe wurde dadurch erleichtert, daß der Patient mittels Neuroleptika eine gewisse Distanz zu seinem Unbewußten gewinnen konnte.

Auch bei älteren Schizophrenen tritt nicht selten die Angst vor der psychotischen Verlorenheit zutage. Diese Verängstigung stellt eine Indikation für die Applikation — antipsychotisch wirkender — Neuroleptika dar.

So kam eine ältere, über 70jährige ehemalige Psychiatrieschwester schwer verängstigt in unsere Poliklinik. Sie spürte irgendwie, daß sie die Grenze zum Krankhaften überschritten hatte, obschon sie das Halluzinierte für eine absolute Wahrheit nahm. Sie erklärte, daß ein Bube, der neben ihr wohne, sie belästige und ihr Steine in ihren Garten geworfen habe. Dieser junge Mann habe auch ein elektrisches Kabel gelegt. Sie erklärte ferner: «Tag und Nacht werfen sie Bömblein. Sie haben Dampf und Benzin, werfen es an das Elektrische oder an die Heizung. Das zermürbt einen.» Wie es für Wahnkranke typisch ist, war sie keinesfalls diskussionsfähig in bezug auf das von ihr Gesagte. Ihre Angst vor der beginnenden Psychose manifestierte sich in einem Traum: «Man hat mich in die psychiatrische Klinik getan. Ich wollte von mir aus dorthin. Sie führten mich zu einem netten Fräulein. Es waren dort viele Kinder. Sie machten so laut, daß ich sagte: ,Mein Kopf!' Es gab Reis mit Linsen, und ich fragte, ob ich nicht Milch haben könne. Dann sagte ich: ,Wartet nur, bis der Herr Professor kommt, ich werde ihm etwas erzählen!'»
Dieser Traum zeigt auf der einen Seite die Angst der

Patientin vor dem Versinken in der Psychose und vor der Klinik auf, auf der anderen Seite aber auch ihren Wunsch nach Geborgenheit in diesem ihrem Zustand, in dem sie «den Kopf zu verlieren» droht. Sie ruft ja im Traum aus: «Mein Kopf!» Doch zählt sie auf die Hilfe des sie ambulant behandelnden Professors, selbst wenn sie ins Spital müßte.

Die Patientin befand sich in einer Grenzsituation, in der sie zwar noch einigermaßen in der äußeren Wirklichkeit — realitätsgemäß — zu leben vermochte, aber dennoch bereits unter psychotischen Erlebnissen stand.

Dieses Leben an der Grenze zwischen psychotischem und gesundem Erleben ist, wie EUGEN BLEULER bereits 1911 festgestellt hat, für die Schizophrenen charakteristisch. Es wird bekanntlich von einer «doppelten Buchführung» dieser Patienten gesprochen, das heißt, es stört sie nicht, daß das psychotische Erleben im Widerspruch steht zu den Gegebenheiten der äußeren Realität. Alle Versuche, diese Patienten rational von der «Wahrheit» zu überzeugen, schlagen fehl. Das Erleben losgelöster Ich-Anteile und unintegrierter Strebungen, die aus dem Es kommen, haben für diese Menschen ebenso Wirklichkeitscharakter wie wahrgenommene äußere Objekte. Je länger und chronifizierter eine Schizophrenie ist, desto mehr verlassen diese Individuen den Grenzbereich zwischen Bewußt und Unbewußt, desto mehr gelangen sie in eine Abhängigkeit von unbewußtem Erleben. Den Betroffenen droht, sich restlos im Kampf gegen die vermeintlich von außen, in Wirklichkeit aber von innen kommenden und nach außen projizierten Gefahren zu erschöpfen. Ihre Aufmerksamkeit ist gänzlich auf das Erleben der entsprechenden Ich-Fragmente und damit gekoppelter Es-Regungen ausgerichtet, so daß keine oder nur noch wenige Neugier für die Außenwelt übrig bleibt. Es ist das Eintreten eines Zustandes, den man seit KRAEPELIN (1896) als Defekt bezeichnet. Die Schizophrenen können in diesem Stadium nicht mehr genügend Affekt aufbringen für ihre Umwelt und sind auch nur ungenügend in der Lage, sich der Einwirkungen des Unbewußten zu erwehren. Dieser Rückzug vom Grenzbereich zu unbewußten Vollzügen, gekoppelt mit einem «energetischen

Potentialverlust» (CONRAD, 1958), kann soweit gehen, daß die Betroffenen sich restlos von den mitmenschlichen Beziehungen abwenden und sich nur noch autistisch ihrem inneren Leben widmen.

Offenbar glückt es einem Menschen nur, diesseits dieser Grenze von Bewußt und Unbewußt in Richtung der Bewahrung des Realitätskontaktes zu leben, wenn ein relativ starkes Ich vorhanden ist, dem es gelingt, die Einwirkungen von innen und von außen zu ordnen. SIGMUND FREUD (1933) sprach von einem Reizschutz (Reizfilter), der das Ich davor bewahrt, zuviele Eindrücke von innen oder außen aufnehmen zu müssen. FREUD (1894) und seine Tochter ANNA FREUD (1946) haben auf die Abwehrmechanismen des Ich aufmerksam gemacht. Sie sollen dazu dienen, konflikthaftes Erleben und emotionale Mangelerfahrungen der Kindheit in das Unbewußte abzuwehren. Wir möchten ergänzend sagen, daß solche Abwehrvorgänge, neben dem erwähnten Reizschutz, dem Ich dienen, sich der unbewußten Einwirkungen zu erwehren. Es ist also nicht nur eine Abwehr von Konflikten und schwerwiegenden Frustrationserfahrungen, sondern auch das Nicht-Beachten, die temporäre und partielle Unempfindlichkeit für Einwirkungen aus der Innen- und der Außenwelt, die es dem Ich gestatten, einigermaßen frei von unübersehbaren Reizen zu bleiben und als zentrale integrierende Instanz zu wirken.

An Bildern, die von Schizophrenen gemalt sind, erkennen wir, daß bei ihnen nach einer akuten Phase, in der sie Chaotisches zu Blatt bringen, in einem restitutiven Stadium, eine Tendenz besteht zu ornamentaler Darstellung mit Motiven, die sich immer wiederholen. Das sich ihnen entwindende innere und äußere Geschehen soll zwanghaft geordnet und gebahnt werden. Damit ist es ihnen möglich, zumindest eine gewisse Grenze gegen ihr Unbewußtes zu ziehen. Die Zwanghaftigkeit der zeichnerischen oder malerischen Anordnung weist aber bereits darauf hin, daß die Ruhe vor dem unbewußten Ansturm mit einer Verminderung des Erlebens und der Lebensintensität erkauft wird. Das Leben vollzieht sich dann auf emotionaler Sparflamme. Die von BATESON et al. (1956) festgestellten Tendenzen von Müttern Schizophrener zu zwiespältigen, ambivalenten und ambitendenten Äußerungen sind wohl nicht zuletzt

37

auch so zu verstehen, daß sie selber stets in einer Grenzsituation, zwischen Nähe und Distanz, Liebe und Feindseligkeit leben. In dieser «double-bind»-Haltung stellen sie eine «Beziehungsfalle» (HIRSCH, 1979) dar, die es Heranwachsenden erschwert oder verunmöglicht, einen Konfliktlösungsversuch zu unternehmen. Besonders bei einem bereits genetisch gefährdeten Kind kommt es so zu einer emotionalen Verunsicherung und einer weiteren Ich-Schwächung. Es wird damit noch mehr gegen die Grenze jenes Bereiches getrieben, in dem es sich — in der Domäne archaischer Symbolgewalt — verlieren muß. Wird einem solchen Kind der emotionale Konflikt zu schwer, so stellt die schizophrene Welt eine Zuflucht in einer Art Selbstheilungsversuch dar.

Ich erinnere mich an einen etwa 30jährigen Arzt, dessen Vater früh verstorben war und der ein äußerst ambivalentes Verhältnis zu seiner Mutter unterhielt. Er war im Ausland mit Injektionen eines Depot-Neuroleptikums behandelt und mir zur weiteren Therapie zugewiesen worden. Für diesen hochintelligenten Mann hielt ich es für unwürdig, nicht frei darüber entscheiden zu können, auf welcher Seite der Grenze zwischen gesund und psychotisch er leben wollte. Er sagte mir immer wieder, daß er im Grunde im psychotischen Erleben mehr schauen und mehr Erfüllung finden könne als in der oft banalen Realität eines medizinischen Assistenten. Ich fragte ihn dann zuweilen, ob er sich denn in seinem Ehrgeiz zufrieden geben könnte mit der Rolle eines Dauerkranken. Irgendwie war ihm dieser Gedanke doch unangenehm, und er konnte so motiviert werden, die Medikation von Neuroleptika weiter zu befolgen.

Er hatte nun also selbst die Wahl zwischen den beiden Möglichkeiten. Solange er mittels einer applizierten Spritze eines Depot-Neuroleptikums gezwungen war, diesseits der Grenze zu bleiben, sehnte er sich nach dem Bereich psychotischen Erlebens. Als er aber fühlte, selbst zwischen diesen beiden Möglichkeiten wählen zu können, merkte er, daß die Psychose ihm die Möglichkeit der Verwirklichung seines Ehrgeizes in der äußeren Realität nähme. So konnte er dazu motiviert werden, den Weg in die äußere, soziale Wirklichkeit zu beschreiten.

Wir sehen nicht selten, daß Schizophrene sehr fasziniert sind vom Erleben des Unbewußten (JUNG, 1962). Das Erkennen eines unübersehbaren inhaltsträchtigen Materials, die Konfrontation mit dem sonst nur im Unbewußten Vorherrschenden, packt in der Regel denjenigen besonders, dem es wegen Ich-Schwäche im Alltagsleben nicht genügend gelingen will, sein Dasein zu ordnen und es zu einem größeren Ganzen zusammenzufügen. Schon allein das Erkennen der angesichts mangelnder Ich-Stärke unbehindert anströmenden unbewußten Phantasmen führt zu Erlebnissen, die die Betroffenen nicht mehr los lassen. Bei den Schizophrenen mit ihrem gestörten Reizschutz (FREUD, 1933), der heute vielleicht auf eine gestörte Funktion des Endorphinsystems (CELIO, 1979, HOBSON und MCCARLEY, 1976) zurückgeführt werden kann, ist ersichtlich, wie sehr sie nicht in der Lage sind, sich gegen die Einwirkungen des inflationär anströmenden Unbewußten genügend zur Wehr zu setzen. Diese Menschen sind also deshalb stets den Einwirkungen unbewußter Aktivität auch im Wachleben ausgesetzt und daher gezwungen, dies- und jenseits der Schranke, die die äußere von der inneren Realität trennt, zu leben.

Den Schizophrenen ist es ebenso nicht genügend möglich, sich gegen Außenweltsreize zu wehren. Die Grenzziehung zwischen ihnen selbst und den sie umgebenden Menschen, zu den Objekten, ist ihnen nur schwer möglich. Sie fühlen sich deshalb den anderen stets ausgesetzt. Daher glauben sie, Gefahr zu laufen, die Gedanken anderer denken sowie jene Verhaltensweisen und Haltungen ausführen zu müssen, die angeblich andere für sie planen. Diese Menschen fühlen sich wegen ihres ungenügenden Ich-Schutzes gegenüber der Außenwelt in ein Netz von Einwirkungen verstrickt, in dem kein Platz mehr für eigene, Ich-bedingte Wirksamkeit bleibt. Die Betroffenen vermögen sich dementsprechend nicht genügend gegen ihre Umgebung abzugrenzen. Es ist ihnen nicht möglich, einen Bereich für sich selbst zu schaffen. Deshalb fühlen sich solche Menschen als Opfer von Verfolgung.

Eine 39jährige Patientin (Laborantin), die vor Jahren,

mit 22 und 27 Jahren, ihre 2 schizophrenen Schübe durchgemacht hatte, berichtete darüber, daß sie in ihrem 1. Schub ihren Vater als Adolf Hitler verkannt habe. Ihre beste Freundin habe sie als dessen Mätresse erlebt. Sie habe unter der Angst gelitten, ihr Vater schieße vom Garten in ihr Zimmer, und sie habe dabei geglaubt, er stelle dazu die Elektrizität des Hauses ab. Deshalb habe sie zehn Kerzen brennen lassen. Bei Anbruch dieser Krankheitsphasen habe sie gemeint, ihre Freundin leide unter einer Schizophrenie, und sie müßte eigentlich zu deren Behandlung in die psychiatrische Klinik eintreten.

Die Patientin vermochte also zwischen sich und — insbesondere den nahen Angehörigen und der Freundin — keine Grenzen mehr zu ziehen. Sie erlebte sich, besonders durch den — allerdings auch in Wirklichkeit brutalen — Vater, bedroht. Fragmentierte Ich-Anteile nahm sie als zu der Freundin gehörige Tendenzen wahr, so daß sie sie als «hospitalisierungsbedürftig» betrachtete und nicht sich.

Es kann also bei den Schizophrenien soweit kommen, daß die Betroffenen nicht mehr zwischen sich und anderen Grenzen setzen können, sondern sich in ihrem Erleben dermaßen durch andere beeinflußt fühlen, daß sie sich ihnen total ausgesetzt wähnen. Sie sind tatsächlich bedroht vom Untergang ihres Ich, und sie erleben diese Überschreitung der Grenze zum Bereich totaler Vorherrschaft des Unbewußten als Todesbedrohung.

Eine 39jährige, religiös gebundene, gläubige, athletisch gebaute und einfache Frau wurde 1953 in einem fremden Garten, zusammen mit ihrem 1944 geborenen Söhnchen, vor einem Brunnen, auf den Knien betend, vorgefunden. Diese Frau war, wie wir an anderem Ort berichteten (BATTEGAY, 1960), plötzlich mit Träumen und Visionen konfrontiert, die ihr die bevorstehende Auflösung ihres Ich im Unbewußten und ihren nahen Tod kündeten. Am 16. April 1953 wurde sie in eine psychiatrische Klinik eingewiesen. Sie berichtete dann, am 20. Dezember 1952, als sie am Morgen aufgewacht sei, folgende Vision gehabt zu haben: «Ich sah die Muttergottes vorbeischweben. — Ich sah die Muttergottes über dem Meer, fünf Minuten lang. Dann sah ich das Kreuz, weniger lang. Da habe ich eine innere Umwandlung erlebt. Ich wußte, daß es ein Zeichen Gottes ist für die Bekehrung. Ich habe dann für alle Menschen gebetet.» Anfänglich habe sie sich durch die Vision bedrückt gefühlt, hernach habe sie sie als eine Aufforderung zur Busse aufgefaßt. Die Kranke berichtete des ferneren über bedeutungsvolle Träume, die sie in der letzten Zeit (Ende März/anfangs April 1953) gehabt habe:

1. Traum: «Ich sah ein großes, furchtbares Wasser, ein Meer, dann ein Haus, über das ging Wasser.»

2. Traum: «Ich war bei meiner Mutter zu Hause. Sie war gerade fort. Ich sah dann ein Loch, in das die Mutter hineinfiel, wobei ich aus Angst furchtbar schreien mußte.»

3. Traum: «Drei Wochen vor Ostern (Mitte März 1953) sah ich um sieben Uhr morgens das Bild vom Heiland am Ölberg und die ganze Luft voller Engel.» Seit damals leide sie unter fürchterlichen Schmerzen rund um das Herz und am Rücken, Stiche, die kaum erträglich gewesen seien. Sie habe nachher den linken Arm beinahe nicht mehr zu heben vermocht.

4. Traum: «In der Osternacht (5. April 1953) hörte ich eine Masse Kinder schreien, so daß ich gerade einen Stich durchs Herz verspürte.»

5. Traum: «Während ein paar Tagen (vor der Osternacht, 5. April 1953) hatte ich im Traum immer einen Brunnen gesehen. Eine schwarze Hand zeigte dann jeweilen aus meinem Fenster hinaus, und ein Blitz kam vom Himmel.» — In der Osternacht habe sie diese Vision aber im Wachzustand erlebt. Sie habe zu Hause Angst gehabt, sich durch eine Fenstertüre, die direkt in den Garten führe, zu begeben, da sie dann einen Wind, der immer stärker geworden sei, verspürt und am ganzen Leibe gefroren habe.

Seit sie diese Visionen bzw. Träume gehabt habe, sei ihr vierjähriges Kind Bernadette Maria verändert gewesen. Es sei störrisch geworden. Sie habe deswegen eine solche Angst ausgestanden, daß sie den Pfarrer habe anfragen wollen, was sie mit dem Kinde beginnen solle. — Anläßlich des Klinikeintritts fühlte sich die Patientin nur körperlich krank. Bei einer internistischen Untersuchung wurde kein ernsthaftes somatisches Leiden festgestellt. Am folgenden Tag berichtete sie, daß sie nicht aus dem Fenster schauen könne. Sie verspüre und sehe den Wind so stark. Am 18. April 1953 kniete sie im Spitalgarten nieder. Sie senkte ihr Haupt zu Boden und nahm Erde in den Mund. Sonne und Wind hätten es ihr befohlen. Am 3. Mai 1953 wies sie unvermittelt Fieber auf. Bei der Untersuchung konnte keine Ursache dafür gefunden werden. Immer wieder sagte sie, daß sie bald sterben müsse. Stellte man ihre Aussage in Abrede, wiederholte sie so sicher ihre Todesahnung, daß man selber unsicher wurde. Am 7. Mai erklärte sie, sie habe in einer Vision den Stalin gesehen, der über einem Baum als böser Geist geschwebt habe. Ständig wurde mit der Patientin eine Behandlung mit einem antipsychotisch wirkenden Medikament (Chlorpromazin) durchgeführt. Daneben wurde sie psychotherapeutisch betreut. Am 13. Mai 1953 um 5.30 h wurde ihr die axilläre Temperatur gemessen. Sie wies 37,5° auf. Auf eine entsprechende Frage der Krankenschwester antwortete sie, daß es ihr gut gehe. Kurz vor 6.00 h löste sie im Bett Urin. Als die Schwester um 6.10 h wieder das Zimmer betrat, fand sie die Patientin tot in ihrem Bette vor. — Bei der Obduktion ergab sich als Todesursache eine fulminante Lungenembolie mit ganz frisch gelöster Thrombose der Vena cava inferior oder der venae ilicae communes im Bereiche der Vasa vasorum, wo feine rundzellige Ansammlungen zu finden waren. Sonst wurde nichts gefunden, was als zusätzliche oder einzige Todesursache hätte angesehen werden können.

Wir haben, wie erwähnt, an anderer Stelle die Visionen der Patientin und das Prophetische in ihnen analysiert. Die Kranke erlebte sich, bei der Urgewalt des in ihr Offenbarten, an der

Schwelle einer Gefahr. Sie erfuhr sich als eine dem Untergang Geweihte, und sie erlebte diese «innere Botschaft», wie die angeführten Träume und Visionen zeigen, als Zeichen des nahenden Todes.

Frau JOLANDA JACOBI (1957) macht uns auf die Stelle im 1. Buch Moses, 1. Kap., 2, aufmerksam, wo es heißt: «Und die Erde war wüste und leer, und es war finster auf der Tiefe; und der Geist Gottes schwebte auf dem Wasser.» Wir erkennen in der Vision die Wiederkehr solchen Geschehens. Bei dieser Frau hatte sich in prophetischen Visionen und Träumen der ihr drohende Untergang ihrer leiblich-seelischen Existenz offenbart. Die bevorstehende Grenzüberschreitung zwischen Leben und Tod wurde ihr im psychotischen Erleben gezeichnet. Sie verstand diese Zeichen besser als die Ärzte, die sie irgendwie nicht wahrhaben wollten.

Menschen, die einen derart tiefen Blick in ihre unbewußten Bereiche werfen können, sind nicht nur als arme Opfer der anflutenden Psychose zu betrachten. Sie haben oft auch Einsichten und Erkenntnisse gewonnen, die sie sonst nicht hätten und die andere, selbst wenn sie intelligenter sind, nicht haben. An der Grenze zur Psychose kann ein gewöhnlicher Erdenbürger über sich hinausgehende kognitive Prozesse vollziehen und zum — schauenden — Propheten werden. LANGE-EICHBAUM (1967) und andere Autoren haben auf diesen Zusammenhang zwischen Genie und Irrsinn aufmerksam gemacht. Bei der beginnenden psychotischen Lockerung können sonstige Fesseln und Begrenzungen gesprengt werden. FRIEDRICH NIETZSCHE eröffnete sich für kurze Zeit ein noch weiterer Blick in die Urgründe menschlicher Existenz bei Anbruch seiner paralytischen Psychose. Vielen anderen Dichtern, beispielsweise FRIEDRICH HÖLDERLIN, GUY DE MAUPASSANT, GERARD DE NERVAL und anderen, ging es ähnlich (s. BENEDETTI in seinem Werk zu diesem Thema, 1975). Bevor der völlige psychotische Zerfall eintritt, in dem die innerpsychischen Zusammenhänge sich auflockern, in einer Grenzsituation, wallt nochmals die gesamte psychische Potentialität auf. Ein weites Register des Erlebens, des Empfindens und der Kognition belebt sich noch einmal. An der Grenze zum totalen Verfall überwindet die geistige und emotionale Tätigkeit alle bürgerlichen Beschränkungen, und der Betroffene vermag oft Einblicke in innerpsychische Gegebenheiten und Außenweltsgesetzmäßigkeiten zu entwickeln, die anderen verborgen bleiben. Die allzu sehr dem Ich und dessen Abwehr gehorchenden Individuen, die sogenannten Normalen, können sich viel besser durchsetzen als diese Kranken. Nie werden sie jedoch jene grenzüberschreitende psychische Auflockerung erfahren, bei der allein dem Menschen ungeahnte Assoziationsmöglichkeiten und kognitive Prozesse möglich sind.

5. Die Borderline-Störungen

Es wird heute sehr viel geschrieben über die sogenannten Borderline-Störungen, jene Zustände, in denen sich die Betroffenen an der Grenze zwischen Psychose und Neurose bewegen. WALTER SCHINDLER (1979) spricht in diesem Zusammenhang von einem «Borderland-Syndrom» und schreibt dazu u. a. folgendes: «Wenn ich die Entwicklung des Syndroms beschreibe, ist es mir wichtig, gleich darauf hinzuweisen, daß mir der Begriff ,Borderline-Syndrom' nicht korrekt erscheint. Es wäre richtiger, über ein *Border,land'* zu sprechen, das zwischen zwei Territorien in einer Grenzsituation liegt, ein Grenzland sozusagen, zwischen verschiedenen Teilen der Persönlichkeit. Da die Ich-Funktionen schwach ausgebildet, weniger diszipliniert und zersplittert sind, ist die Vorstellung von einem Raum passender als die von einer Linie, und deshalb möchte ich vom ,Borderland-Syndrom' sprechen.» OTTO KERNBERG (1978), Frau ROHDE-DACHSER (1979) und viele andere Autoren haben darauf hingewiesen, daß diese Individuen infolge ihrer schwachen Ich-Struktur Mühe haben, ihre Abwehr der unbewußten Regungen und Strebungen aufrecht zu erhalten. Ihre Abwehrmechanismen sind starr und Belastungen nicht gewachsen. Es ist diesen Menschen schwer, sich gegen Objekte abzugrenzen, und infolgedessen neigen sie dazu, sich phobisch von den Mitmenschen zurückzuziehen. Sie vollziehen zur Abwehr eine Spaltung in böse und gute Objekte, so daß es ihnen nicht gelingt, Gut und Böse in einer Gesamtschau als zusammengehörig zu erleben (MELANIE KLEIN, 1935). Gelegentlich wird ihre Abwehrdisposition durchbrochen, und sie werden dementsprechend episodisch psychotisch desintegrieren. Nur schwer bringen sie es fertig, sich in der äußeren Realität zurechtzufinden. Es droht ihnen ständig, die Kontrolle über ihre Impulse zu verlieren, ängstigende Ich-Anteile auf Objekte zu projizieren und sich mit ihnen zu identifizieren, so daß die Objektnähe gescheut wird.

Eine 21jährige Frau wurde nach einem Suizidversuch mit Tabletten in eine psychiatrische Klinik eingewiesen. Von ihrem Vater war bekannt, daß er in seiner Kindheit und Jugend schwer erziehbar war. Ein Vatersbruder war einmal psychiatrisch hospitalisiert. Es wurde eine sexuelle Perversion sowie eine psychopathische Gefühlskälte bei ihm festgestellt. Der Vatersvater soll verschlossen und schweigsam gewesen sein. Aus der Muttersfamilie sind keine Auffälligkeiten bekannt. Die Patientin selbst wuchs mit ihrer um 4 Jahre jüngeren Schwester zusammen auf. Ihre Jugend war dadurch gekennzeichnet, daß der Vater immer Leistungen von ihr verlangte. Er hatte ursprünglich Lehrer werden wollen, aber auf diesem Wege versagt, und er wünschte nun, daß die Patientin, wie von ihm vorgezeichnet, weitergehe. Die Mutter spielte kaum eine Rolle im Leben der Patientin. Doch obschon sie ihren Vater mehr als ihre Mutter liebte, hatte sie Angst vor seinen Forderungen. Nachts war sie oft von Angstträumen gequält, die in irgendeiner Form die überfordernde Haltung ihres Vaters zum Inhalt hatten. Die Schule bereitete ihr leistungsmäßig keine Schwierigkeiten. Sie hatte indes recht wenig Kontakt mit den Klassenkameraden, da sie sich andersartig und, als Arbeitertochter aus einer anderen sozio-ökonomischen Schicht stammend als die übrigen, als minderwertig fühlte. 19jährig, absolvierte sie die Maturitätsprüfung.
Bereits 3 Jahre zuvor hatte sie eine Bekanntschaft mit einem um 13 Jahre älteren, verheirateten Mann angeknüpft. Bald hatte sie sich in intime Beziehungen mit ihm eingelassen, und sie hing an ihm wie an einem Vater. Er half ihr beim Lernen und verhielt sich ihren Leistungen gegenüber — wie ursprünglich der Vater — recht kritisch, fordernd. 19jährig, begann sie ihr Studium. Auch dort fühlte sie sich recht isoliert. Sie litt unter Ängsten vor ihrer mitmenschlichen Umgebung, die sie als fordernd erlebte. 20jährig, freundete sie sich mit einem um

46

10 Jahre älteren Studenten an. Auch dieser Mann verhielt sich ihr gegenüber kritisch, so daß sie nicht zu jener gefühlsmäßigen Umsorgung kam, die sie sich gewünscht hätte. Insbesondere seit Beginn dieser Freundschaft steigerten sich ihre Angstgefühle, und sie begann unter Einschlafstörungen, Appetitlosigkeit sowie Kopfschmerzen zu leiden. Nachdem sie dann eine Semesterarbeit, die nicht die bei ihr gewohnte Qualität aufwies, zurückerhalten und ihr Freund sie dauernd erniedrigt hatte, kam es, 21jährig, zum ersten Mal zu einem Suizidversuch, und zwar mit 25 Tabletten eines Tranquilizers. Die angefangene ambulante psychiatrische Behandlung enttäuschte sie ebenfalls. Sie verübte deshalb bald darauf, immer noch 21jährig, einen zweiten Selbstmordversuch mit 50 Tabletten eines Tranquilizers. Noch in intoxikiertem Zustand kam sie in eine psychiatrische Klinik. Sie war sehr erregt und nach wie vor von Suizidtendenzen dominiert. Bei Gesprächen mit ihr, die in der Klinik geführt wurden, fiel auf, daß sie sehr zerbrechlich war und auf irgendwelche sie berührende Fragen sofort Tränen in den Augen zeigte. Mit 22 Jahren, nachdem sie erneut ein Tentamen suicidii begangen hatte, kam sie wieder ins Spital. Auch nach dem zweiten Klinikaustritt fühlte sie sich immer noch recht wenig glücklich. Dennoch studierte sie weiter. Insgesamt befand sie sich während 7 Semestern an der Universität. Es wurde ihr immer schwieriger, die Vorlesungen zu besuchen. Sie zog sich deshalb aus dem Studium zurück. Mit 27 Jahren schloß sie einen Direktionssekretärinnenkurs an einer Handelsschule ab. Ständig befand sie sich in ambulanter psychiatrischer Behandlung, wobei sie vor allem gruppenpsychotherapeutisch betreut wurde. Außerhalb der psychotherapeutischen Gruppe hatte sie kaum mit jemandem Kontakt. Sie hatte Schwierigkeiten, eine Arbeitsstelle zu finden. Mit 33 Jahren wurde sie immer unruhiger und ängstlicher. Sie zog sich mehr und mehr in ihre Wohnung zurück. Als die Eltern dort nachsehen wollten, wie es ihr ergehe, öffnete sie die Türe nicht. Sie hatte wieder einen Selbstmordversuch unternommen, wohl weil die psychotherapeutische Gruppe

infolge Wegzugs des Arztes aufgelöst worden war. Die Patientin wurde weiter in unserer Poliklinik betreut. Es zeigte sich, daß sie ungeheure Kontaktschwierigkeiten hatte, in ihrem Beruf als kaufmännische Angestellte unbefriedigt war, zeitweilig unter Körpergefühlsstörungen litt und jeweils Umgebungsgeschehnisse, die nichts mit ihr zu tun hatten, in krankhafter Art auf sich bezog. Ihr Hobby war es, Bilder zu malen, die strenge geometrische Anordnungen zeigten und ornamental wirkten. Es wurde die Diagnose einer Borderline-Störung gestellt.

Die Patientin, die mit einer hohen Intelligenz ausgestattet ist, war, wie schon ein Blick auf die Aszendenz zeigt, wohl schon anlagemäßig nur vermindert in der Lage, das Leben in der äußeren Realität zu bewältigen. Sie versuchte anfänglich, durch ihren Vater und durch väterliche Freunde eine Stütze zu erhalten. Ihre Bindung an ältere Männer erfolgte nicht etwa vorwiegend aus dem Grund, weil sie etwa ödipal an ihren Vater gebunden gewesen wäre, sondern weil sie verspürte, daß sie eine Sicherung und Stützung von frühester Kindheit an benötigte und ihr die Mutter offenbar nicht jene bergende Wärme zu geben vermochte, die sie, besonders bei ihrer Veranlagung, notwendig gehabt hätte. Ihre mangelnde Möglichkeit, mit Menschen zu kommunizieren, zeigte sich aber selbst in ihren Verhältnissen zu Vaterersatzfiguren. Sie ließ sich ständig durch sie erniedrigen. Die Bindungen an Männer, die bedeutend älter als sie waren, vermochten ihr dementsprechend nicht genügend Sicherheit zu vermitteln. Sie gab ihr Studium auf und führte wiederholt Selbstmordhandlungen aus. Auch gelangte sie beruflich nicht in die Stellung, die ihr intellektuell zugekommen wäre. Die Patientin befand sich im Grunde genommen ständig an der Grenze der persönlichen und sozialen Desintegration. Wenn sie in ihren Malereien strenge geometrische Anordnungen anbrachte, so können wir vermuten, daß sie in diesen zwanghaften geometrischen Darstellungen die Welt, die sich ihr zu entwinden drohte, einzufangen wünschte. Die Patientin war wohl infolge ihrer Ich-Schwäche von einem inneren Chaos bedroht. Die geometrischen Zeichnungen, die wir oft bei solchen Patienten und bei Schizophrenen in einem Remissionsstadium sehen, sollten dazu dienen, das Chaotische in ihr — zwangshaft — einzugrenzen.

Die Kranke befand sich dementsprechend immer an der Grenze zwischen realer und irrealer Welteinschätzung, im Grenzbereich zwischen Ordnung und restloser Ungeordnetheit. Die streng geometrischen Anordnungen, die sie auf ihren gemalten Blättern erkennen ließ, waren nicht etwa der Ausdruck dafür, daß sie die Realität beherrschte, sondern vielmehr ein Symptom dafür, daß sie nur dann mit ihren inneren Vorstellungen und Triebtendenzen zu Rande kam, wenn sie sie in solchen Figuren einfing. Damit aber drohte ihr, am Leben vorbeizugehen. Die starren Figuren ließen höchstens noch symbolhaft, nicht mehr aber in lebendiger Aktivität erkennen, was in ihr vorging.

Es ist ganz allgemein zu sagen, daß Borderline-Patienten nur sehr bedingt in der Lage sind, die vielfältigen inneren Regungen und Assoziationen, die — topisch gesehen — vom Unbewußten an das Bewußte heranströmen bzw., in dynamischer Sicht, vom Es her an das Ich herantreten, zu steuern. Die — in der Aszendenz mehr als in der Normalbevölkerung Schizophrenien aufweisenden — Borderline-Patienten befinden sich im wahrsten Sinne an der Grenze zwischen dem Verfall an die Psychose und der Realitätsbezogenheit, wie sie der normale Mensch zeigt. Um dieser Grenzsituation zu entfliehen, bedient sich der Borderline-Patient jener starren Abwehrmechanismen, wie wir sie in den Zeichnungen und Malereien der erwähnten Patientin symbolhaft dargestellt finden. Sie können sich nur schlecht der jeweiligen Situation anpassen, geraten in Nöte und Angst, wenn sie sich frei bewegen sollten und können temporär psychotisch dekompensieren, wenn ihre starre Abwehr brüchig geworden ist. Die Angst, die diese Menschen dominiert, ist meist jene, sich völlig im Unbewußten zu verlieren und so den Untergang ihres Ich zu erleiden. Aus der damit zusammenhängenden Verängstigung heraus meiden sie häufig enge mitmenschliche Kontakte, und sie sind deshalb in ihrer Kommunikation gestört. Allzu ausgesprochene Nähe eines Mitmenschen wird oft als bedrohlich für ihr brüchiges Ich erlebt, eine Tendenz, die durch die bereits beschriebene projektive Identifizierung noch verstärkt wird.

49

Wir müssen uns fragen, weshalb gerade in der Gegenwart diese Borderline-Störungen häufig diagnostiziert werden und warum sie eine so hohe Aufmerksamkeit der Wissenschaft gefunden haben. Wohl wären sie früher meist mit der Diagnose einer Psychopathie (schizoid) — oder allenfalls einer pseudoneurotischen Schizophrenie — abgetan worden. Wir werden später noch auf die schizoiden Persönlichkeiten, wie wir sie heute verstehen, zurückkommen. Wenn wir auf die Aktualität der Borderline-Störungen hinweisen, so geschieht es deshalb, weil häufig nur noch diese Grenzstörungen als solche erkannt werden wollen, während eindeutige Psychosen entweder weniger gesehen oder aber nicht mehr diagnostiziert werden.

Nun ist allgemein bekannt, daß die psychiatrischen Krankheitsbilder in den vergangenen Jahren und Jahrzehnten blander geworden sind. Ausdrucksphänomene sind in den Hintergrund getreten. Wir sehen weniger hysterisch-demonstrative Manifestationen, aber auch weniger katatone Stuporen oder Bewegungsstürme. Offenbar merkt es der Mensch, selbst oder besonders in seinem tiefen Kranksein, daß die Mitlebenden unachtsam geworden sind in bezug auf das Leiden des Nächsten, so daß er alle motorischen Ausdrucksmittel meidet, weil sie «nutzlos» bzw. «sinnlos» geworden sind. Die Borderline-Patienten, die weder als typische Neurosen gelten, noch als typische Psychosepatienten bezeichnet werden können, sind vielleicht charakteristisch für die Gegenwart. Zwar sind sie im Kontakt mit ihren Mitmenschen stark behindert, doch sind es Patienten mit einer wenig ins Auge springenden Symptomatologie. Aus ihrer Ich-Schwäche heraus halten sie, wie erwähnt, Distanz zu ihren Mitmenschen, und sie trachten im allgemeinen danach, möglichst unauffällig und unbehelligt durch die Welt zu kommen. Nur gelegentliche Impulsdurchbrüche, gewisse Bizarrerien in ihrem Verhalten und gelegentliche psychotische Episoden lassen sie etwa auffällig werden. Oft erkennt man sie auch daran, daß sie nur in starren Formen zu existieren imstande sind, im Grunde nicht intensiv, sondern nur ein Dasein auf einer Sparflamme leben. Es sind Menschen, die aus innerer Brüchigkeit eine Teilnahme an Umgebungsgeschehnissen nur mimen können. HELENE DEUTSCH (1965) hat deshalb von «alsob»-Persönlichkeiten gesprochen. Damit können sie sich auch nicht als Eigenständige in einem sozialen Rahmen verwirklichen.

6. Die schizoide Grenzsituation

Bei Menschen, die von Kind auf als zurückgezogen, introvertiert und als Einzelgänger auffallen, die ein reiches Innenleben haben, jedoch nur wenig davon der Aussenwelt verraten, die nach SCHULTZ-HENCKE (1951) eine intentionale Gehemmtheit aufweisen, sprechen wir von schizoiden Persönlichkeiten. Die schizoiden Persönlichkeiten, bei denen, wie bei den erwähnten Borderline-Patienten, Schizophrenien in der Familie gehäuft vorkommen, unterscheiden sich von der letzteren dadurch, daß bei ihnen keine auch noch so kurz dauernden psychotischen Episoden auftreten. Dementsprechend ist ihre Ich-Abwehr effektiver und so dominant, daß keine angsterregenden unbewußten Durchbrüche erfolgen. Zwar verhalten sich diese schizoiden Persönlichkeiten oft wenig einfühlbar, schrullig, doch bleiben sie meist im Rahmen der Normvarianten. Gewisse Schizoide sind zu intellektuellen Höchstleistungen fähig, weil sie durch nichts gestört werden, was um sie herum vor sich geht. Es kann sie nichts stören. Von einem berühmten Forscher, der ausgesprochen als schizoid galt, war bekannt, daß er inmitten des Kinderlärmes, beim Üben des Klavierspiels der jungen Generation, unberührt an seinen Werken schreiben konnte. Ebenso sind zahlreiche Schriftsteller und Dichter dieser Menschenart zuzurechnen. Was für diese Menschen zählt, ist nicht die äußere Realität, sondern die Innenschau. C.G. JUNG (1920) sprach in seinem Buche «Psychologische Typen» in diesem Zusammenhang von Introvertierten. Aber nicht nur finden wir solche schizoiden Persönlichkeiten bei jenen, die es auf der sozialen Stufenleiter weit bringen, weil sie ungestört durch äußere Einflüsse zu schaffen und schöpfen vermögen, sondern auch bei jenen Menschen, die sich in keiner Weise in die soziale Ordnung einfügen können. Wir denken an jene, die als Vagabunden, als Clochards oder als weltabgewandte «Heilige» durch die Welt ziehen, ohne daß sie Notiz nehmen von den Urteilen und Verurteilungen anderer. Gewisse Kulturen, z. B. jene Indiens, gestatten diesen Menschen eher, ihr auf sie selbst bezogenes Leben zu führen, andere Kulturen greifen mehr behindernd ein. Was in einem sozialen Umkreis eine Voraussetzung zur Verehrung, ist am anderen Ort, besonders in unserem westlichen Kulturkreis, ein Makel, das den Betroffenen aufs Schwerste behindert.

Wir sprechen bei den Schizoiden von einer Grenzsituation deshalb, weil sie in der sozialen Realität oft als Außenseiter, als Menschen, die die sozialen Regeln nicht befolgen, gelten. Es sind also Individuen, die, wie DURKHEIM (1893) und MERTON (1957) sagen, in Anomie leben. Die Schizoiden spalten, wie gesagt, die Umgebungseinwirkungen derart von ihrem Erleben ab, daß sie dadurch nicht «gestört» und beeinträchtigt werden, sondern sich ihrem Eigenleben widmen können. Wenn unter diesen Persönlichkeiten immer wieder sehr erfolgreiche Wissenschafter zu finden sind, so ist der Grund vor allem im Umstand zu suchen, daß sie, vielleicht durch den von FREUD (1933) erwähnten, bei ihnen offenbar — als Wall für ihr schwaches Ich — besonders ausgebildeten Reizschutz, die Ereignisse, die um sie herum vor sich gehen, ausblenden können.

ERNST KRETSCHMER (1928) hat in seinem Buch «Körperbau und Charakter» den schizoiden Charakter geschildert. Er hat meisterhaft beschrieben, wie sehr diese Menschen ihrem Innenleben zugewandt sind und die äußere Realität vernachlässigen. Sie befinden sich in einer Grenzsituation, weil sie oft nur wenig mit der sozialen Realität zu tun haben. Noch ein Schritt mehr in Richtung Innenleben würde sie gänzlich von der sozialen Wirklichkeit wegbringen und sie völlig ihrem Unbewußten ausliefern. Sie wären dann nicht mehr als schizoide Persönlichkeiten, sondern als Schizophrene zu bezeichnen, die nicht mehr die Möglichkeit hätten, den Bereich der äußeren Realität zu vergleichen mit ihren inneren Vorstellungen.

Ein 36jähriger Mann kam zu uns. Über seine Aszendenz wurde uns nur soviel bekannt, daß Vater und Mutter realitätsfremd gewesen seien. Der Vater habe es zum Direktor gebracht, sei aber bereits mit 44 Jahren, als der

Patient sechsjährig gewesen sei, an einer Apoplexie gestorben. Die Mutter habe den Lebensunterhalt als Sekretärin für sich und ihre drei Kinder — der Patient war das jüngste — verdienen müssen. In der zweiten Realschulklasse, also mit zwölf Jahren, sei er in ein Internat gekommen. Lernschwierigkeiten habe er nie gehabt, doch habe er sich unter den Mitschülern stets als fremd erlebt. Nie habe er Freunde gehabt. Wegen seines mangelnden menschlichen Kontaktes sei er aus einer Banklehre davongelaufen. Schließlich habe er Hilfsarbeiten verrichtet, bis er, 23jährig, an einem Bergort einen passenden Platz gefunden habe. Er sei am Hotelempfang und als Portier tätig gewesen. An diesem Arbeitsplatz habe er seine zukünftige Frau kennengelernt. Während vier Jahren sei er in diesem Hotel geblieben. Weitere Jahre habe er als Buchhalter in einem Reiseunternehmen gearbeitet. In seinem 30. Lebensjahr verehelichte er sich mit einer neurotischen Frau, ohne daß er von deren Leiden Notiz genommen hätte. Er war dann als kaufmännischer Angestellter tätig und brachte eine Lehrabschlußprüfung zustande. Von der Firma wurde er wegen seines stillen, zurückgezogenen Wesens und seiner Arbeitseffektivität sehr geschätzt. Daher wurde er als Leiter der Buchhaltung für das Ausland gewählt, und er mußte von der Schweiz wegziehen. 35jährig, zog es ihn wieder in unser Land. Er fand irgendwo eine Anstellung als Stadtkassier und dann als Gemeindeverwalter. Zu uns kam er, weil es in seiner Ehe zu einer Krise gekommen war. Die Ehefrau, die mit dem Patienten zu uns kam, erklärte, daß sie in ihrer Verbindung zu diesem Manne immer einsam geblieben sei. Er habe nie viel gesprochen, sei gefühllos und habe die Stellen meist unerwartet gewechselt. Auch neige er zum Spielen, und er habe so viel Spielschulden, daß sie sich in Geldnöten befänden. Wenn die Frau sich nicht so verhalte, wie er es erwarte, versuche er nicht etwa, ihr seine Wünsche und Bestrebungen zu erklären, sondern er neige dazu, sie zu schlagen. — Es fiel uns bei Gesprächen mit den beiden zusammen auf, daß der Patient nicht auf die Gefühle seiner Frau einzugehen vermochte, obschon er sich sichtlich bemühte. Er stand ihrer Realität fremd gegenüber. So brachte er beispielsweise während einer Trennungszeit seiner Frau Blumen und glaubte, damit sei alles wieder in Ordnung und er könne nun gleich mit ihr wieder intim werden, obschon er nicht mir ihr über die gemeinsamen Probleme gesprochen hatte. Er konnte es nicht begreifen, daß er sich während seiner Trennungszeit bei ihr anzumelden hatte, wenn er sie und die vier Kinder, die sie gemeinsam hatten, besuchen wollte. Die Frau, die ihrerseits an einer schweren depressiven Neurose leidet und ursprünglich übermäßige Erwartungen an ihren Ehemann hegte, war naturgemäß immer aufs Schwerste enttäuscht über sein Verhalten. Der Versuch einer Ehetherapie scheiterte am realitätsfremden Gebaren dieses Mannes, da die Frau den — wohl nicht unberechtigten — Schluß zog, daß er sich nie ändern werde.

Es zeigte sich also bei diesem Patienten, daß er in seiner eigenen Realität lebte, an und für sich intelligent war und sogar eine beachtliche Stellung erreichen konnte, doch durch das Abspalten der äußeren Wirklichkeit sich in Gefahr brachte. Er blieb in einer schizoiden Welt, war einerseits zu hoher Leistung fähig, schockierte andererseits aber seine Umwelt durch sein weitgehend autistisches, schizoides Verhalten. Der Patient war indes noch diesseits der Grenze zur Psychose. Er befand sich noch im realen Lebensvollzug, litt nie an psychotischen Episoden. Doch fristete er in einer Weise sein Leben, die erkennen ließ, daß seine Innenwelt eine Dominanz über ihn hegte, die nicht hätte überschritten werden können, ohne daß er gänzlich seinem Unbewußten bzw. dem darin vorherrschenden Primärvorgang (FREUD, 1913) ausgeliefert gewesen wäre und damit hätte als psychotisch angesehen werden müssen.

Wie es typisch für diese Menschen ist, entstammte der Patient einer Familie mit gehäuften schizoiden Charakteren. Wohl war er konstitutionell zu wenig dafür ausgerüstet, die Dimensionen der äußeren Realität in adäquatem Maße zu berücksichtigen. Er war also vermutlich schon zum vornherein dazu prädestiniert, in einem schizoiden Grenzbereich leben zu müssen. Dazu kam eine, durch den frühen Tod seines Vaters bedingte, sekundäre Neurotisierung, die ihn zusätzlich vor der Außenwelt zurückschrecken ließ. An seiner Schizoidie scheiterte seine Ehe. Sicher hatte er auch das Bedürfnis nach menschlichem Kontakt, doch war es für seine Frau nicht möglich, ihn zu verstehen, und es wäre wohl auch für andere Menschen schwierig, mit ihm zusammenzuleben. Es ist manchmal ein hartes Los für solche Menschen, alleine durch die Welt gehen zu müssen. Sie sind häufiger ledig und alleinstehend als andere. Obschon ihr Innenleben ein reiches ist, sind sie außerstande, andere daran teilnehmen zu lassen.

7. Die narzißtische Grenzsituation

Menschen, die infolge frühkindlicher Mangelerfahrung nicht genügend in der Lage waren, ein konsistentes Selbst aufzubauen, haben zeitlebens den Wunsch, ihre narzißtische Beeinträchtigung (KOHUT, 1971, 1977, BATTEGAY, 1977) zu kompensieren. Da sie ständig dazu neigen, sich zu entwerten, sich in ihrem Selbstwert herabzusetzen, sind ihre Kompensationen darauf angelegt, ihr Selbst zu verstärken. Grandiositätsgefühle, die an die Grenze des Realen vorstossen, sowie die Tendenz, sich mit einem Selbstobjekt so zu verbinden, daß die Grenzen zwischen Subjekt und Objekt verwischt werden, sollen ihnen — in einer gewissen Paradoxie — helfen, ihre beeinträchtigte Selbststruktur zu stützen. Auch wenn die betreffenden Menschen eine Spiegelbeziehung zu anderen Individuen suchen bzw. eine Spiegelübertragung auf sie entwerfen, so benützen sie ihre menschliche Umgebung entweder lediglich als Spiegel oder aber als Individuen, die ihnen gleich wären. Sie wären dann alter-egos, die nur das täten und dächten, was sie wünschten. Mit anderen Worten, die Grenzen zwischen ihnen und den ihnen Nahestehenden sind unklar. OTTO KERNBERG (1978) hat darauf hingewiesen, daß, nach seinem Dafürhalten, bei den Menschen mit krankhaftem Narzißmus die Abgrenzung zwischen Subjekt und Objekt zum vornherein gestört sei. Dieser krankhafte Narzißmus des betroffenen Individuums mit seiner Umwelt bestehe bei diesen Individuen von allem Anfang an und habe nichts zu tun mit dem gesunden Selbstwerterleben. Demgegenüber sind KOHUT (1971, 1977) und wir selbst (BATTEGAY, 1977) der Ansicht, daß sich der pathologische Narzißmus aus dem physiologischen entwickelt. Eine gewisse Fusionstendenz ist normal. Ohne daß wir unsere Eigenliebe, unseren Narzißmus, auf die uns umgebenden Menschen ausdehnten, könnten wir zu niemandem in eine Beziehung treten. Die Iden-

tifikation als aktive Ich-Leistung ist erst auf diesem Boden
möglich. Vermag ein Mensch in keiner Weise seine Eigenliebe
auf einen anderen auszudehnen, so liegt ein Störungsmoment
vor. Die Betroffenen leiden unter einer Kommunikationsstö-
rung, wie sie besonders bei Schizophrenen beobachtet wird.
Die Unmöglichkeit, seine eigene Welt im Sinne der Ausdehnung des Narzißmus zu verlassen, bedeutet Beziehungslosigkeit. Neigen aber Individuen dazu, sich nur dann wohl zu fühlen, wenn sie sich total mit anderen einig wissen dürfen, wenn
sie in ihrer Phantasie eine Fusion eingehen können, dann liegt
auch wieder ein krankhaftes Phänomen vor. Diese Menschen
sind dann restlos abhängig geworden von nahen Bezugspersonen, oft den Eltern. WILLI (1975) hat auf Ehen hingewiesen, bei
denen eine «narzißtische Kollusion» besteht. Die beiden Ehepartner erwarten je vom anderen, daß er bzw. sie ihren
Fusionstendenzen entspreche. Es liegt nahe, daß Enttäuschun-
gen und Spannungen die Folge sein müssen, da der Partner sich
nie gemäß den unbewußten Erwartungen des anderen verhalten
kann.

Ein belastender Zustand liegt also dann vor, wenn die Individuen in keiner Weise ihre Grenzen überschreiten können —
selbst wenn sie locker sind —, aber auch dann, wenn ein Individuum sich gegenüber einem nahen Partner nicht abzugrenzen
vermag, in dessen Namen spricht und handelt, oder aber umgekehrt total abhängig wird von einer nahen Bezugsperson.

Wir hatten vor Jahren eine 40jährige Direktorsfrau zu
betreuen, die in ihrer Aszendenz väterlicherseits eine
Schizophrenie aufwies und selbst in einer schizoiden
Grenzsituation lebte, wenig Kontakt mit Mitmenschen
pflegte und nur recht bedingt in der Lage war, sich in ihren Mann einzufühlen. Kompliziert wurde aber ihre Ehe
nicht nur wegen ihres autistischen Charakters, sondern
auch wegen der narzißtischen Fusionstendenzen ihres
52jährigen Mannes. Er war vor allem durch seine Mutter
— lieblos — überbehütet aufgewachsen und von seinem
Vater kritiklos bewundert worden. Die Gattin durfte in
dieser Ehe — das Paar hatte zwei Kinder — nur das tun
und lassen, was er wünschte. Sie konnte sich in keiner

Weise entfalten. Ja, als es zur gerichtlichen Trennung kommen sollte, versuchte er sogar zu bestimmen, zu welchem Anwalt sie zu gehen hätte. Selbst vor Gericht konnte er glauben, daß er für seine Frau sprechen könne. Er wirkte total aus dem Geleise geworfen, als das Gericht erkennen ließ, daß es nicht nur in seiner Frau, sondern auch in ihm Krankhaftes wahrnehme. Der Ehemann hatte, als seine Frau sich von ihm lösen wollte, nämlich erklärt, daß sie, namentlich bei ihrer hereditären Belastung, sicher schizophren geworden sei und er unbedingt weiter für sie sorgen müsse.

Die Fusionstendenz dieses Mannes war derart, daß sie der Realität seiner Gattin keine Rechnung trug und die Grenzen zu ihr nicht berücksichtigte. Er fühlte und tat so, als ob er sie wäre. Sie war einige Jahre in dieser abhängigen Position verblieben, konnte es aber offensichtlich nicht mehr länger aushalten, da sie ständig sein Leben führen sollte. So wurde das ungenügende Beachten des Abgrenzungsbedürfnisses der Frau durch den Mann zum vorwiegenden Trennungsgrund.

In einer Grenzsituation befinden sich auch jene, die infolge ihres mangelnden Selbstgefühls darauf angewiesen sind, ihr narzißtisches Defizit mittels Grandiositätsphantasien zu kompensieren. Sie wiegen sich in diese Größenvorstellungen, weil sie damit nicht fertig werden, sich stets als minderwertig, als vermeintliche Versager, als ein «Niemand» erleben zu müssen. Die Betroffenen stossen mit ihrem grandiosen Gebaren, das aus den erwähnten Vorstellungen resultiert, an die Grenze dessen, was ihnen von der Umgebung abgenommen wird. Noch etwas mehr Größenvorstellungen, und sie würden bereits in die Dimension des Wahnes verfallen, der wegen seiner Irrealität und seiner Unkorrigierbarkeit der Umgebung sofort als abnorm auffiele. Die gleichen Menschen leiden aber oft derart unter den Mangelerfahrungen ihrer Kindheit, ihrem dadurch bedingten Minderwertigkeitsgefühl und ihrer hilflosen Depressivität, daß sie nicht selten an die Grenze ihrer Leidensfähigkeit stossen. Mehr aushalten könnten sie nicht. Die grandiose Kompensation stellt einen brüchigen Selbstheilungsversuch dar.

In unsere Poliklinik kam ein 22jähriger Patient mit langen Haaren, der von seiten eines Vatersbruders mit Suizid durch Erschießen belastet und der bei einem alten Vater und einer affektkühlen Mutter als ältestes von 3 Geschwistern aufgewachsen ist. Die nachfolgende Schwester, 17jährig, hat ein uneheliches Kind, das mit der Familie zusammenlebt. Das jüngste Kind, eine Schwester, ist zerebral geschädigt. Nie habe er spielen, nie den Vater nahe spüren dürfen als Kind. Aber auch die Mutter habe ihm keine Gefühle entgegengebracht. Als der Patient zu uns kam, sagte er zuerst, daß er sich an die Kindheit nicht zu erinnern vermöge. Er verleugnete offenbar diese Zeit. Immerhin wußte er uns das eben Erwähnte anzugeben und zu sagen, daß er mit 5—6 Jahren durch die Kindergärtnerin einmal mit in die Ferien genommen worden sei. Doch habe diese Frau sich später nicht mehr um ihn gekümmert. Mit 4 Jahren habe er einmal einem Gummimännchen ein Ohr abgeschnitten und das Gleiche einem zuschauenden gleichaltrigen Freund antun wollen. Im Kindergarten mußte er während der Dauer von drei Jahren bleiben, da er zurückgeblieben und in bezug auf den Schuleintritt zurückgestellt worden war. In der Schule kam er schlecht und recht mit. 12jährig, erlebte er die Scheidung seiner Eltern, die schon vorher nie gut miteinander ausgekommen waren. Eine begonnene Elektrozeichnerlehre gab er nach zwei Jahren, 1975, vorzeitig auf, indem er den Lehrplatz verließ. Er soll sich an der Lehrstelle bewährt, in der begleitenden Berufsschule aber Schwierigkeiten gehabt haben. Im 17. Altersjahr haben seine emotionalen Probleme begonnen. Er habe sich depressiv gefühlt, sich geängstigt, auf die Strasse zu gehen, habe sich kaum getraut, Leute anzusprechen. 18jährig, habe er eine Freundschaft zu einem Mädchen unterhalten, die intim geworden sei. Oft denke er heute noch an diese Beziehung zurück. 20jährig, absolvierte er die Rekrutenschule, 21jährig, einen 3wöchigen Wiederholungskurs im Militär. Der Patient arbeitete seither nur unregelmäßig, kaufte sich aber dennoch eine Stereoanlage im Betrage von Fr. 12 000.—, ebenso ein Motorrad im Betrage von Fr. 5 000.—. Damit hatte er Schulden in der Höhe von Fr. 17 000.—. Der Patient suchte unsere Poliklinik auf, weil er sich unglücklich fühlte. Er wirkte resigniert, apathisch, blanddepressiv. Auf eine entsprechende Frage gab er an, daß er Tagträume habe und sich dabei im Paradies vorstelle. Als wir ihn fragten, was sich darin vorfinde, konnte er nur sagen, daß er dort lange Haare tragen könne. Die einzige Bezugsperson, von der er spontan sprach, war der jetzige Vorgesetzte, ein offenbar gleichaltriger Mann, zu dem er eine Freundschaft unterhalte.

Psychodynamisch ergab sich, daß der Patient einerseits sich als ein Häufchen Elend erlebte, andererseits sich in einem Paradies vorstellte und ohne Rücksicht auf die Realität teure Wünsche verwirklichte. Der Patient lebte also einerseits in der grandiosen Grenzsituation des narzißtisch Kompensierenden, andererseits aber auch in der Not mangelnder Selbstidentität, wie sie für narzißtische Persönlichkeitsbeeinträchtigungen typisch ist.

Gleichzeitig kommen also diese Menschen an zwei Grenzen, jene der Größenvorstellungen und jene des tiefsten menschlichen Unglücks. Begegnen wir solchen Individuen, täuschen uns ihre grandiosen Gesten über ihre innere Glücklosigkeit hinweg. Sind sie aber allein für sich, so ist ihre Hilflosigkeit oft derart, daß sie sich nicht zu helfen wissen und nicht selten auf ein Ende ihrer qualvollen Existenz hoffen.

Bei Menschen, die in ihrem Selbstwertgefühl beeinträchtigt sind, zeigt sich, wie schon KOHUT (1971) festgestellt hat, auch die Tendenz, sich in allem zu spiegeln und/oder die anderen als Ebenbilder ihrer selbst zu betrachten. Sie befinden sich in einer Grenzsituation, weil sie sich im Grunde genommen nur in den anderen zu erkennen vermögen. Die Grenzsituation bestünde darin, daß sie keine scharfe Begrenzung ihres Selbst kennen und sich in ihrer Phantasie immer dies- und jenseits dieser unscharfen Grenzziehung befinden.

So hatten wir eine 42jährige Frau zu betreuen, deren Vater und deren Bruder unter Depressionen gelitten haben sollen. Auch eine Muttersschwester sei depressiv gewesen. Die Patientin sei Anlaß einer Mußehe ihrer Eltern im Ausland gewesen. Der Vater, ein Journalist, habe sich wie ein «typischer Intellektueller» verhalten. Er habe in seiner eigenen Welt gelebt und sich um Frau und Kinder wenig gekümmert. Die Mutter, 5 Jahre jünger als der Vater, sei Bibliothekarin gewesen und habe Kunstgeschichte studiert. Sie sei dem Vater in jeder Hinsicht überlegen gewesen. Mit ihrem um drei Jahre jüngeren Bruder habe sie sich gut verstanden. Mit der Familie verbrachte die Patientin ihre Kindheit in einer Großstadt. Zwar sei sie brav, pünktlich, ordentlich gewesen, doch habe sie immer unter Ängsten und einem Scheuegefühl gelitten. Bis zur Matur habe sie die Schule ohne Schwierigkeiten durchlaufen. 21jährig, sei sie ihre erste Ehe eingegangen. 3 Monate später habe sie sich von ihrem Manne getrennt. Kurz darauf, 22jährig, habe sie ihren zweiten Mann, einen Kaufmann, kennengelernt. 2 Jahre später ging sie mit ihm eine Ehe ein. Das Paar zog in unser Land. Ein Jahr bzw. zwei Jahre später kamen ihre Töchter zur Welt. Im Jahre der Geburt der zweiten Tochter begann eine ernsthafte körperliche Erkrankung der Patientin. 8 Jahre später konnte die Krankheit durch eine Operation behoben werden. Sie fühlte sich aber durch ihren Gatten vernachläßigt, verübte einen schweren Suizidversuch in ihrem 42. Lebensjahr, als sie zusätzlich von einem Freund verlassen wurde. Ein Jahr später wurde ihre Ehe geschieden. Sie lebte mit ihren beiden Töchtern zusammen, fühlte sich einsam und verlassen, depressiv. Eine Freundschaft mit einem jüngeren Manne vermochte ihr nicht zu helfen, über ihre innere Not hinwegzukommen.

Bei uns gab sie an, sich von jeher verzweifelt, bedrückt, einsam gefühlt zu haben. Zur Mutter habe sie nie eine warme Beziehung unterhalten, und vom Vater sei sie kaum je beachtet und schlecht behandelt worden. Während der Schulzeit habe sie sich von niemandem akzeptiert gefühlt. Wohl sei sie deshalb ihre erste Ehe eingegangen. Ihren zweiten Mann habe sie zuerst idealisiert, doch sei sie sehr bald von ihm enttäuscht worden. Er habe keinerlei Rücksicht auf ihr Leiden genommen. Die Beziehungen zu ihrem jungen Freund seien für sie nur teilweise befriedigend. Sie suche in ihm irgendwie das Spiegelbild der Jugend. Doch nütze ihr die dadurch gewonnene Bestätigung jeweils nicht lange. Sie fühle sich oft deprimiert, energielos, unfähig zu entscheiden, rat- und initiativelos. Doch könne sie sich von ihrem Freund nicht trennen, denn allein könne sie nicht existieren. Er teile wenigstens ihr Dasein und erinnere sie in seiner Jugendlichkeit an eigene ungelebte jugendliche Bereiche.

Die Patientin hatte in ihrer Kindheit ungenügend die Erfahrung mitmenschlicher Wärme und Präsenz sammeln können. Damit war es ihr damals wie später nicht möglich, ein gesundes Selbstbewußtsein, ein konsistentes Selbst, einen angemessenen Narzißmus zu entwickeln. Sie konnte ihr eigenes Ich nicht genügend narzißtisch besetzen und hatte die Tendenz, sich an Partner anzuklammern, die in keiner Weise zu ihr paßten. In einer Grenzsituation lebte sie, weil sie ständig versuchte, ihre Lebenspartner so zu beeinflussen, wie es ihre unbewußten Phantasien verlangten. Damit griff sie über die Grenzen dessen hinaus, was sie selbst — allerdings mit dürftiger narzißtischer Ausstattung — darstellte. Sie kam aber auch immer wieder an die Grenzen, die ihr durch die äußere Realität gesetzt waren. Ihr junger Freund, den sie zuletzt hatte, konnte nicht jene jugendlichen Persönlichkeitsanteile in ihr, die noch nie zum Zuge gekommen waren, widerspiegeln. Das gesuchte Spiegelbild erwies sich immer wieder als trügerisch, weil es jenseits der Grenzen dessen sich befand, was wirklich ihr zugehörte.

Die narzißtisch Beeinträchtigten leben ständig in einer Grenzsituation, die schon dadurch gegeben ist, daß ihr schwaches Selbstgefühl, sogar wenn ihr Ich stark ist, nur ungenügend in der Lage ist, das eigene Dasein und vor allem die umgebenden Objekte narzißtisch auszufüllen und zu besetzen. Diese inneren Begrenzungen werden zu kompensieren versucht, indem zu weite Grenzen gesteckt werden. Die Objekte, die anderen Menschen, werden mit in den Lebensplan einbezogen. Die Betroffenen wollen durch alle bewundert, in ihren Grandiositätsvorstellungen bestärkt, in ihren Fusionstendenzen gestützt und in ihren Spiegelbeziehungen erleuchtet werden. Die erweiterte Grenzziehung erweist sich aber immer wieder als brüchig, und so kommt es, daß diese Menschen dann restlos auf sich selbst zurückgeworfen, auf enge Grenzen verwiesen werden.

Gewisse Menschen werden, wie KERNBERG (1978) es schildert, schon anlagemäßig zu wenig in der Lage sein, ein gefestigtes Selbst zu bilden und dementsprechend sich gering einschätzen und sich zu wenig gegen die sie Umgebenden abzugrenzen vermögen. Andere werden eher aus mißlichen Lebensumständen heraus, aus mangelnder Liebe und Wärme, wie KOHUT (1971/1977) sowie ERNEST WOLF (1976) es gezeigt haben, eine geschädigte Selbststruktur aufweisen und eine Verstärkung durch andere suchen. Letztlich kommt es aber immer zu einer Störung im Selbstwerterleben, die nicht nur den Betroffenen in sich selbst behindert und ihn in seiner Grenzziehung um sich herum beeinträchtigt, sondern vor allem auch seine Kommunikationsfähigkeit behindert.

8. Die Grenzsituation der Depersonalisation

Nicht nur bei narzißtisch Gestörten, sondern auch bei anderen Zuständen treffen wir auf Depersonalisationsphänomene. Die Betroffenen haben keinen Zugang mehr zu ihrem eigenen Selbst, das meist schon zuvor beeinträchtigt war. Beim Schizophrenen ist es die Ich-Schwäche bzw. die Fragmentationstendenz des Ich, die dazu führt, daß er unter Depersonalisationsphänomenen leidet.

Eine junge Patientin hatte in einer akut ausbrechenden Psychose dermassen keinen Bezug mehr zu sich selbst, daß sie sich ohne weiteres mit dem Scherenarm einer Lampe einen Daumen abschnitt, ohne es zu merken. OSCAR WILDES Dorian Gray sticht in einem desperaten Zustand in sein Bildnis, wobei er offensichtlich in einem Zustand des «ausser sich Seins» sein Selbst umbringt. Ähnliche Depersonalisationsphänomene können Schizophrene dazu bringen, sich unvermittelt, raptusartig, z. B. von einer Brücke in die Tiefe zu stürzen, weil ihnen ihre eigene Leiblichkeit nicht mehr als ihnen zugehörig erscheint. Vielleicht hoffen sie durch ihre Handlung, ihre Tat, letztlich doch wieder aus ihrem Depersonalisationszustand zu sich selbst zu gelangen. Wir wissen aber auch von Menschen, die in der Schlacht von ihren Gefühlen so gepackt waren, daß sie mit den größten Verwundungen vorausstürmten. Ihr Ich war mehr oder weniger künstlich durch die Einwirkungen des Kriegszustandes auf ihre Gefühle, die Beeinflussungen durch Vorgesetzte, das Mitsein von Kameraden und durch Alkoholeinwirkung geschwächt worden, so daß sie ihren eigenen Leib nicht mehr als zu sich gehörig erlebten. Wohl wären Kriege überhaupt nicht möglich, wenn die beteiligten Menschen nicht in die Grenzsituation der Depersonalisation getrieben werden könnten. Bei anderweitig bedingten emotionalen Ausnahmezuständen, wie bei Angst, während eines Examens oder bei rasender Wut können ebenso Depersonalisationsphänomene auftreten.

Ich erinnere mich selbst, daß ich in meinem 21. Lebensalter einmal am Telefon beim Anhören kränkender Gesprächsinhalte mich sehr machtlos erlebt habe und in einen furchtbaren Zorn hineingeraten bin. Es kam soweit, daß ich den Hörer in die Telefongabel schleuderte, ohne zu beachten, daß sie sehr spitz war und mir in die Zwischenhaut zwischen Daumen und Zeigefinger geriet. Im Affekt hatte ich nicht bemerkt, daß ich verletzt war.

Im Verlauf einer Psychotherapie eines Neurotikers kann es zu solchen Depersonalisationsphänomenen kommen, wenn die alten, neurotisch bedingten Einstellungen und Verhaltensweisen in Frage gestellt werden und neue noch nicht gewonnen sind.

Eine narzißtisch gestörte, nun etwa 40jährige Frau erlebte sich plötzlich, nach zwei Jahren einer allwöchentlich während einer Stunde durchgeführten analytischen Psychotherapie, völlig desorientiert in der Welt, da sie auf ihre bisherigen Kompensationen, wie ihr früheres grandioses Imponiergehabe ihren Angehörigen gegenüber und ihre Fusionsbestrebungen, vor allem ihrem Mann gegenüber, verzichtet hatte. Sie ängstigte sich, da sie an Depersonalisationsgefühlen litt. Entsprechend den Ausführungen von BONIME (1973) waren wir deswegen in keiner Weise beunruhigt. Wir betrachteten die Orientierungslosigkeit der Patientin wie auch ihre Depersonalisationsgefühle gemäß dem erwähnten Autor als prognostisch günstige Phänomene. Ihr gewohntes Verhalten hatte sie abgelegt, und sie wußte beinahe nicht mehr, wer sie nun eigentlich war. Sie war nun darauf angewiesen, eine neue Einstellung und veränderte Verhaltensweisen zu entwickeln.

Vielleicht sind die Menschen allgemein so sehr darauf aus, altes Verhalten zu wiederholen und übernommene Riten einzuhalten, weil sie sich mehr oder weniger unbewußt ängstigen, bei deren Aufgabe die ihnen gewohnten Maßstäbe und damit sich selbst zu verlieren. Sie haben Angst, in ein Nichts zu fallen und einem «Horror vacui» (Entsetzen vor der Leere) ausgesetzt zu sein. Die ihnen drohende Grenzsituation beim Innewerden von Depersonalisationsgefühlen und der entsprechenden Leere, die sie auf dem Weg zu einer neuen Einstellung und zu neuen Verhaltensweisen zu durchschreiten hätten, möchten sie meiden. Sicheres wird nie gerne aufgegeben, weil beim Übergang in eine neue Sicht und Haltung ängstigende Freiheit entstünde, die zuerst zum Entpersönlichungserleben führen könnte.

Einwanderer in ein neues Land, die alte Beziehungen, in denen sie etwas galten, aufgegeben haben, erleben sich oft als niemand. Alte Werte sind in der neuen Umgebung ihres Sinnes beraubt, und die Betroffenen wissen nicht mehr, was ihren Lebenskern, ihr Selbst wirklich ausmacht. Das, was sie im alten Land hochgehalten haben, gilt in der neuen Umgebung nichts mehr.

In einer ständig sich wandelnden Welt sind wir eigentlich alle zu Neueinwanderern geworden. Gestern noch gültige Einstellungen und Verhaltensweisen sind heute sinnlos geworden. So ist es kein Zufall, daß wir oft nicht mehr wissen, was der Kern unserer Persönlichkeit ausmacht, wer wir wirklich sind, welche höheren Ziele wir verfolgen. Wir schreiten in die Zukunft, ohne zu wissen, ob wir in unserem Selbst genügend dazu ausgerüstet sind, und wir befinden uns ständig in dieser Grenzsituation zwischen Ungültigem und Neuem, Unbekanntem, an dieser Grenze, an der wir uns oft nicht mehr im klaren darüber sind, ob wir wirklich noch wir selbst und so sind, wie wir die Welt angetreten haben. Zwar wird uns immer wieder bewußt sein, daß wir nie dieselben bleiben, die wir noch kurz zuvor waren, doch möchten wir dennoch uns als kontinuierlich erleben. In solchen Grenzsituationen, in denen wir die Welt als verwandelt und neu erleben, werden wir nicht selten von Depersonalisationsgefühlen befallen werden. Sie sind prognostisch nicht·ungünstig, weil sie anzeigen, daß wir bereit sind, alte Schablonen abzulegen und auf eine neue Existenzweise zuzugehen.

Der Rollenwechsel, den vor allem die moderne Frau in der

modernen Gesellschaft zu vollziehen gezwungen ist, wie das damit verbundene Aufgeben der vorwiegend häuslichen Zentrierung in einer Welt mit immer kürzer dauernden emotionalen Bindungen und mangelnder räumlicher Konstanz, führt dazu, daß sie nicht selten in eine Krise ihrer Selbstidentität und damit in Depersonalisationsgefühle hinein gerät. Der Mann unseres Kulturkreises, früher gewohnt der «Herr im Hause» zu sein, der «pater familiae», muß sich ebenfalls entsprechend umstellen. Auf der einen Seite darf er nicht mehr autoritär auftreten, auf der anderen Seite möchte die Frau das Männliche an ihm, nicht nur im sexuellen Bereich, sondern auch gesellschaftlich, nicht missen. Auch er gerät deshalb in eine Rollenkonfusion und läuft Gefahr, seine Selbstidentität zu verlieren. Diese Rollenunsicherheit der beiden Geschlechter bedingt es, daß die Menschen ganz allgemein nicht mehr wissen, zu welchem Ziel hin sie sich entwickeln wollen und sollen. Depersonalisationsphänomene sind daher nicht nur als psychopathologische Symptome zu verstehen.

Bei der Liebe und der liebenden Vereinigung zwischen zwei Partnern kann die Hingabe soweit gehen, daß die Beteiligten ihre Eigenliebe dermaßen auf den Partner, die Partnerin ausdehnen, daß sie im Orgasmus kaum mehr zwischen Ich und Du zu unterscheiden vermögen. Wenn Menschen in Höhepunkten ihres Lebens sich an andere oder an eine Sache hingeben, erleben sie ihr eigenes Selbst etwa nicht mehr losgetrennt vom Partner oder der übrigen Umwelt.

Bei einer 20jährigen Patientin, die notfallmäßig in unsere Sprechstunde kam, ging ihr Auflösungsgefühl so weit, daß sie erklärte, beim Onanieren sich selbst nicht mehr zu spüren. Sie habe plötzlich keine Verbindung mehr zu ihrem Körper und sei deswegen erschreckt. Manchmal befürchte sie, nicht mehr zurückkommen zu können. Beim sexuellen Verkehr mit einem Manne verspüre sie allerdings keine ähnlichen Phänomene. Bei dieser Patientin war es also offensichtlich nicht die Hingabe an einen anderen Menschen, sondern das «automatische» In-Funktion-Setzen der sexuellen Erregung, das bei ihr Depersonalisationsgefühle hervorrief. In einer weiteren Sitzung erklärte die Patientin, daß sie bei der Routinearbeit an einer Maschine den Körper selbständig funktionieren lassen, sich davon trennen könne und deshalb frei sei für Gedanken und Gefühle, die nicht mit der Arbeit zusammenhingen. Bei dieser Art Depersonalisation, die durch die maschinelle Arbeit und die Bewegung ihres Körpers entstand, fühlte sich die Patientin nicht verängstigt, sondern frei von ihrem Körper. Sie geriet über sich hinaus und wurde Teil der Maschine.

Ist es etwas Ähnliches, wenn Menschen sich in eine große Aufgabe hineinstellen und über sich hinauswachsen? Von vielen Großen auf der Erde ist bekannt, daß sie sich, unter Hintanstellung ihrer engen persönlichen Belange, in den Dienst einer großen Bewegung stellten. Wir denken an Männer, wie die biblischen Propheten, oder in der Neuzeit, wie HENRI DUNANT, MAHATMA GHANDI, THEODOR HERZL, MARTIN LUTHER KING u. a., an Frauen, wie MARIE CURIE, FLORENCE NIGHTINGALE, SELMA LAGERLÖF, NELLY SACHS u. a. Es ist in ihnen eine «Depersonalisation» zu höherem Tun eingetreten. Ihre narzißtische Aufmerksamkeit hat sich auf die ganze Welt oder ihr Volk ausgedehnt, nicht um Macht auszuüben, sondern um ihr bzw. ihm Erlösung zu bringen. Es ist jene Depersonalisation, in der das narzißtische Interesse und das Streben des Volkes, der Welt, ineinander fließen. Diese Art der «Depersonalisation» ist nicht allen, sondern nur jenen beschieden, die empathisch das Leiden ihres Volkes, der Welt, wahrnehmen und die Zeichen der Zeit erkennen.

ROMAIN ROLLAND (1930) sagt in seinem Vorwort zu seiner Lebensgeschichte von Beethoven, daß die Existenz eines solchen Menschen «fast immer ein langes Martyrium» darstelle. Diese Individuen haben, in seiner Sicht, mit ihrem Leiden, ohne Rücksicht auf sich selbst zu nehmen, für die Welt gelebt. Es könnte in diesem Sinne von einer Depersonalisation im Dienste eines hohen Zieles gesprochen werden. Er sagt dazu folgendes: «Sei es, daß ein tragisches Geschick ihre Seele schmiedete auf dem Amboß von leiblichem, seelischem Schmerz, von Unglück und Krankheit; sei es, daß ihr Leben verwüstet wurde, ihr Herz zerrissen vom Anblick der Leiden, der namenlosen Schmach, die ihre Brüder folterten. Gewiß ist, sie haben das tägliche Brot der Prüfung gegessen, und wenn sie groß geworden sind durch Willenskraft, so sind sie es nicht minder durch Unglück. O, daß sie nicht allzu sehr klagen, sie, die unglücklich sind: Der Menschheit Auserwählte sind unter ihnen. Ihre Tapferkeit ströme auf uns über, in unsere Herzen; wenn wir schwach werden, soll unser Kopf einen Augenblick auf ihren Knien ruhn. Sie werden uns trösten. Ein Strom reiner Kraft und allmächtiger Güte fließt aus den Seelen dieser Geweihten. Nicht ihre Werke brauchen wir zu befragen, nicht ihre Stimme zu hören, wir lesen es in ihren Augen, in der Geschichte ihres Lebens, daß das Leben nie größer, nie fruchtbarer und niemals glücklicher ist — als im Schmerz.»

Wir wollen nicht den Schmerz verherrlichen, sondern darauf hinweisen, wie sehr gewisse, man könnte sagen auserwählte Menschen, unter Hintanstellung ihrer eigenen engen Interessen, ihr Selbst in den Dienst der Menschen und der Menschheit stellen, dabei ihr eigenes Interesse etwa hintanstellen, in diesem Sinne depersonalisiert sind — oder unter Schmerzen angesichts des trostlosen Fristens anderer bzw. der Menschheit leiden.

9. Die suizidale Grenzsituation

JASPERS (1948) sagt: «Freiheit kann dem sie Leugnenden nicht wie in der Welt vorkommende Dinge bewiesen werden. Da aber in der Freiheit der Ursprung unseres Handelns und unseres Seinsbewußtseins liegt, so ist, was der Mensch sei, nicht allein Wissensinhalt, sondern Glaube.» Denken wir diesen Satz konsequent zu Ende, würde der Mensch auch an den Grenzen seiner Leidens- und Tragfähigkeit noch die Freiheit besitzen, darüber zu entscheiden, ob er sein Leiden weiter aushalten möchte oder nicht. Nun ist es aber unsere psychiatrische Erfahrung, daß Bilanzselbstmorde äußerst selten sind. Der Mensch legt meist nur dann Hand an sich, wenn seine Sicht durch einen gefühlsmäßigen Ausnahmezustand beeinträchtigt ist. Selbst wenn ein Dichter wie STEFAN ZWEIG (1944) im Vorwort zu seiner «Welt von Gestern» seinen bald nach Abfassen des Buchmanuskripts erfolgten Suizid, den er zusammen mit seiner Frau beging, durchblicken läßt, oder wie JEAN AMÉRY (1976) den Selbstmord als ein Zeugnis der menschlichen Freiheit betrachtet, müssen wir nochmals festhalten, daß der Selbstmord beinahe immer die Folge einer lang anhaltenden suizidalen Entwicklung darstellt (KIELHOLZ, 1965, PÖLDINGER, 1968, RINGEL, 1953, 1961 u. a.). Menschen, die zum Selbstmord schreiten, machen in ihrer Verzweiflung immer zuerst ein Stadium durch, in dem sie die Selbsttötung erwägen. Es folgt dann ein Stadium der Ambivalenz, in dem sie hin und her schwanken zwischen der Wahl der Fortsetzung des Lebens und der Option, sich selbst den Tod zu geben. Es folgt schließlich das Endstadium, in dem sie sehr abgeklärt wirken können, denn der Entschluß ist gefaßt. Sie haben das Auslöschen ihrer Existenz gewählt. Dabei können sie ruhig und besonnen erscheinen. Nichts kann sie mehr erzittern lassen. Sie fühlen sich frei von Bindungen, durch die sie sich bis anhin noch an das Leben fixiert fühlten.

Diese «Stille vor dem Sturm» ist unheimlich. Den Mitmenschen, die sich um sie sorgen, gaukeln sie Unbekümmertheit vor. Sie befinden sich allein in dieser Grenzsituation. Niemand kann diese Lage mit ihnen teilen, oft auch bei bestem Bemühen nicht. Können wir aber sagen, daß diese Menschen wirklich in Freiheit diesen Entschluß gefaßt haben? Nein! Entweder es hat bei ihnen ein stetiger Prozeß der Resignation und Desillusionierung stattgefunden, oder aber es besteht ein Krankheitsprozeß, der ihre Gemütslage verfinstert hat, so daß eine in dieser Situation gezogene Bilanz nur aus depressiver Sicht erfolgen kann. Die Perspektive eines Depressiven aber ist immer eine schiefe. Oder man könnte sagen, daß der Depressive die Welt stets mit einer dunkeln Brille betrachtet. Von einem freien Entschluß zum Selbstmord kann deshalb nicht die Rede sein. Der Selbstmörder ist beeinträchtigt durch eine lange Kette von Erfahrungen oder eine Krankheit, die ihn in die Grenzsituation des Zweifels und der Verzweiflung getrieben hat. Manchmal hofft er zutiefst irgendwie auf eine Erlösung in einem anderen Dasein. Bei den Menschen, die nach Suizidversuchen mit Hilfe modernster medizinischer Verfahren eine «Wiederbelebung» erfahren, beobachten wir nicht selten, daß sie im Grunde nicht an ein totales Auslöschen ihrer Existenz gedacht hatten. Es war ihnen vielmehr daran gelegen, in ihrer Not erkannt zu werden, einmal in den sozialen Bezügen eine bessere, jenseitige Welt zu erfahren. Nach HENSELER (1974) sind diese Menschen oft nicht zufrieden mit dem, was sie bisher in der realen Welt geleistet haben. Sie streben nach Höherem, halten sich für Größeres befähigt (BATTEGAY und HAENEL, 1979) und sind deshalb, wenn sie, nach ihrer Ansicht, nichts erreicht haben, enttäuscht. Diese Menschen erwarten in der Regel auch außerordentlich viel von ihrer Umgebung. Sie können nicht genügend Liebe und Zuwendung erfahren. Oft haben sie in ihrer Kindheit und Jugend zwar nicht unbedingt materielle, doch umso mehr emotionale Entbehrungen erlitten. Oder sie wurden grenzenlos verwöhnt, so daß sie später die Welt als unwirtlich erlebten. In beiden Fällen suchen sie zeitlebens — vergeblich — nach jener wärmenden Umsorgung, nach jener Bestätigung, die sie beim Aufwachsen entweder nie oder aber übermäßig erfahren haben. Der Suizid entspricht nicht etwa einem Todestrieb, wie FREUD

(1920) ihn annahm. Alles Leben strebt doch eigentlich nach Fortsetzung. Doch kann das Leben als solches etwa nur in Grenzsituationen erfahren werden. Mancher entdeckt die «Lebensgeister» erst, wenn sie bedroht sind. Andere führen die Lebensgefährdung selbst herbei. Wenn der Mensch in einer verdrießlichen Stimmung oder aber dann in der Not sagt, daß ihm das Leben verleidet sei, so meint er meist die Existenz, die er führt. Zweifellos möchte er, daß sein Dasein sich ändere und er nicht mehr gezwungen wäre, ein Leben, wie er es gewohnt ist, zu führen. Doch denkt der Mensch nur selten, daß er froh wäre, wenn sein Leben wirklich bald beendet wäre, er nicht mehr da wäre, in das Nichts fiele. Der menschliche Jenseitsglaube, die Vorstellungen in bezug auf eine andere, ewige Welt, in der alle Gegensätze sich auflösten und restlose Harmonie sich fände, zeugen davon, daß ihm das Ende seiner leib-seelischen Existenz schwer vorstellbar ist. Wir erleben es in der Psychiatrie nicht selten, daß Menschen in ihrer stillen Not sehnsüchtig auf Hilfe gewartet haben. Sie hofften, daß ihr Leiden auf ihre Umgebung als Appell wirke. Doch selbst die nahen Angehörigen, ein allfälliger Psychotherapeut haben das Ausmaß ihres Leidens nicht erkannt. Es kommt dann für alle unvermittelt zu einem Selbstmordversuch, obschon Hinweise, wie verhüllte Selbstmorddrohungen und -vorbereitungen, eigentlich eine eindeutige Sprache dargestellt hätten.

Oder die Betroffenen wechselten unvermittelt von Angst und Depressivität zu einer unnatürlichen Heiterkeit, oder sie wirkten plötzlich grimmig-entschlossen, wobei die Gründe hiefür nicht ersichtlich waren, im Nachhinein aber auf den fatalen Entschluß zurückgeführt werden können. Man sage nicht, daß derjenige, der mit Selbstmord droht, es nicht ernst meine. Oft befinden sich solche Menschen bereits in einer gefährlichen Grenzsituation. Auch ist es falsch, ein Gespräch mit einem solchen Menschen, den man für suizidgefährdet hält, aufzuschieben. Er steht in einer Grenzsituation, und die Grenze zum Tod hin ist rasch überschritten. Die Angehörigen solcher Menschen peinigen sich nach dem Suizid eines Menschen oft wegen ihrer Schuldgefühle. So sehr diese Gefühle verständlich sind, müssen wir sagen, daß sich gesund fühlende Menschen naturgemäß oft die Not eines anderen

nicht erkennen, weil sie sie sich auch gar nicht vorstellen
können.

Der Suizid eines Menschen wird durch die Umgebung nicht
immer nur als ein Ende der Existenz eines nahen Angehörigen
aufgefaßt, sondern nicht selten auch als eine Aggressionshand-
lung (BATTEGAY, 1979[1]), die zum Ziele hatte, seiner Familie damit etwas anzutun, ihr Schande zu bereiten. Dabei kann es
wirklich vorkommen, daß Patienten, die von einem Selbstmordversuch errettet wurden, uns sagen, sie hätten eine furchtbare Wut auf ihre Angehörigen gehabt und ihnen einen Denk-
zettel verpassen wollen. Ich erinnere mich an eine etwas über
vierzigjährige Patientin, deren Mutter und Stiefvater sich vorbildlich ihrer angenommen hatten. Sie begaben sich aber in die
Ferien, obschon es die Patientin nicht gerne sah. An dem Tag,
an dem die Angehörigen von den Ferien zurückkamen, sprang
sie von einer Brücke in den Rhein. Passanten berichteten später, daß sie vor dem Sprung ihre Handtasche mit aller Kraft
weit von sich geschleudert habe, wie wenn sie wütend gewesen
wäre. Wollte sie ihre Mutter und ihren Stiefvater bestrafen,
wollte sie die Welt auf ihre Not aufmerksam machen?

Menschen, die an bösartigen Erkrankungen leiden, geben
sich etwa selbst den Tod. Sie mögen nicht abwarten, bis ihr Leben ohnehin erlischt. Viele werden Angst haben vor den
Schmerzen, dem Dahinsiechen und dem Angewiesensein auf
mitmenschliche Hilfe, die ihnen drohen. Bei anderen wiederum
wird der Umstand wichtig sein, daß sie damit vermeintlich in
voller Freiheit sich selbst den Tod geben können. Von einer
philosophischen Warte aus können wir diese Menschen aber
nicht als frei betrachten. Sie sind verstrickt in das Verhängnis
ihrer Krankheit und entscheiden von diesem Gesichtswinkel
aus. In keiner Weise sind sie in der Lage, darüber zu meditie-
ren, was ein Weiterleben in dieser Grenzsituation ihnen noch
bieten, welche Reifung sie noch durchzumachen vermöchten.
Sie überschreiten selbst, sich eine beinahe göttliche Kompetenz
herausnehmend, die Grenze zum Tod.

Oft ist sich der Mensch nicht bewußt, daß er eine suizidale
Grenzsituation herbeiführt, wenn er sie auch gar nicht will.
Sind nicht auch der übermäßig Trinkende und Rauchende, der
übermäßig Arbeitende Suizidale? Diese Menschen sind lebens-

und tatenhungrig oder gar -gierig, zerstören sich aber gerade durch das Übermaß des Genusses oder der Leistung. Eine suizidale Grenzsituation entsteht also nicht nur dann, wenn willentlich das Leben beendet werden soll, sondern etwa auch dann, wenn das Leben — süchtig — angepackt werden möchte.

10. Die paranoische und die paranoide Grenzsituation

Wird restlose Einstimmung der menschlichen Umgebung in das eigene Denken und Fühlen erwartet, bedeutet dieser Umstand, daß die Betroffenen eine totale Unterordnung der ihnen Begegnenden oder der mit ihnen Arbeitenden anstreben. Es sind in der Regel Menschen, die von Kind auf Schwierigkeiten haben, sich in die Gruppen, in die sie miteinbezogen sind, einzuordnen und deshalb sich umso krampfhafter und starrer bemühen, sich in einem bestimmten Rahmen Geltung zu verschaffen. Ihr Selbstgefühl wurde in ihrer Kindheit nur ungenügend gestärkt oder aber sie waren (anlagemäßig) nicht imstande, ihnen entgegengebrachte Liebe als solche (genügend) zu empfinden. Damit waren sie auch nicht in der Lage, eine entsprechende Objektrepräsentanz heranzubilden. Um sich nicht bedroht fühlen zu müssen durch die ihnen Entgegenkommenden, versuchen sie alles, um sich nicht der Umwelt anpassen zu müssen, sondern ihre Umgebung so gefügig zu machen, daß sie eine Fusion mit den ihnen begegnenden Menschen eingehen können. Diese Individuen verwickeln sich, wie der VON KLEISTsche Michael Kolhaas (1873), immer wieder in wahnhafte Rechthabereien, weil sie es nicht zu dulden vermögen, eine von ihnen unterschiedliche Ansicht neben sich zu wissen. Es kann bei diesen Menschen, die nach einem kränkenden Schlüsselerlebnis zunehmend in einen systematischen Wahn geraten, zu Gewalttätigkeiten gegen die ihnen Opponierenden und ihnen Nahestehende kommen, wie es im Sprichwort heißt: «Willst du nicht mein Bruder sein, so schlag ich dir den Schädel ein.» Gelingt es psychotherapeutisch nicht, diesen Individuen immer wieder Verständnis entgegenzubringen und ihre Affekte zu entlasten, so können sie zu gefährlichen Taten schreiten. Diese Menschen leiden entweder unter einer paranoischen Entwicklung mit systematisiertem Wahn nach kränkendem Schlüsselerlebnis (paranoische Entwicklung), oder es hat sich in ihnen im anderen Fall ein zunehmendes Mißtrauen gegen ihre Umgebung entwickelt (paranoide Entwicklung). Die zweite Art der abnormen psychischen Entwicklung ist näher am Gesunden als die ersterwähnte, doch kennen wir fließende Übergänge.

In seinem 51. Lebensjahr wurde uns ein Mitarbeiter eines Industriebetriebes zugewiesen, der, angeblich in bezug auf psychische Krankheiten hereditär unbelastet, als sechstes von sieben Kindern bei kühler Mutter und werktätigem Vater aufwuchs. Von jeher soll er ein «Raufbold» gewesen sein. 11jährig, machte er während einer Schulpause einen Unfall durch. Er brach sich einen Arm. Der entsprechende Ellbogen versteifte, und es mußte der größte Teil des Armes und der Hand vertikal amputiert werden. Zuerst ließ er sich zum Handwerker ausbilden. Doch hatte er wegen seiner Invalidität bei der Stellensuche Schwierigkeiten, obschon er mit dem ihm verbleibenden Rest der verstümmelten Hand sich außerordentlich geschickt in die andere Hand spielen konnte. Er kam dann, 23jährig, in den erwähnten Betrieb, wurde auf Lochkarten umgeschult. Mit großer Begeisterung war er in der Datenverarbeitung tätig. 31jährig, kam es aber zu einem akuten Ausbruch des schon vorher vorhandenen Mißtrauens gegen Mitarbeiter und Vorgesetzte. Er erklärte, daß ihm immer in seinen Schubladen gewühlt worden sei, und er beschuldigte einen Mitarbeiter, dafür belohnt zu werden. Sein Vorgesetzter habe sich «entlarvt». Seine Büronachbarn beobachteten ihn stets. Der Patient drohte, sich oder einem Mitarbeiter etwas anzutun. Die Untersuchung beim Werkarzt führte zur Diagnose: «Psychisch abnorme Persönlichkeit mit ausgesprochenen paranoiden Ideen.» Er wurde in eine andere Abteilung der Firma versetzt. Doch es kam wieder zu Spannungen, als der Patient 50 Jahre alt war. Als er bemerkte, daß seine Mitarbeiter durch den Vorgesetzten veranlaßt worden waren, Karteikarten, die der Patient in der Nähe seines Arbeitsplatzes haben wollte, in den Keller zu bringen, bemächtigte sich seiner ein ungeheurer

Zorn. Er schlug auf seinen Vorgesetzten ein. Es kam zu einem Disziplinarverfahren. Da dabei die Gefahr bestanden hatte, daß der Patient weiter in seine überwertige Mißtrauenshaltung hineingetrieben worden wäre, wurde dieses Verfahren auf psychiatrischen Rat eingestellt. Bei der psychiatrischen Untersuchung war erkannt worden, daß der Patient ein ungeheures Geltungsstreben, ein anspruchsvolles Gerechtigkeitsgefühl und maßlose Wuterscheinungen hatte, wenn er nicht recht bekam. Es wurde damals gewarnt, ihn weiter in der gleichen Abteilung des Industriebetriebes zu beschäftigen. Die psychiatrische Warnung wurde durch die Vorgesetzten in den Wind geschlagen, obwohl nicht nur der ärztliche Dienst, sondern auch die Geschäftsleitung auf die Gefährlichkeit des Patienten aufmerksam gemacht und eine Versetzung in eine andere Abteilung vorgeschlagen worden war. Er wurde erneut am alten Arbeitsplatz eingesetzt. Kurze Zeit danach schoß er auf den höchsten Vorgesetzten der Abteilung, nachdem sich seiner wieder das Gefühl bemächtigt hatte, ungerecht behandelt worden zu sein. Er traf den Abteilungsleiter in den Kopf, so daß er bewußtlos blieb und einige Tage darauf verstarb.

Bei den experimentell-psychologischen Untersuchungen fiel auf, daß der Patient gemäß dem Hamburg-Wechsler-Intelligenztest für Erwachsene einen Gesamtintelligenzquotienten von 120 hatte. Im Rosenzweig Picture-Frustration-Test erwies er sich als extrem frustrationsintolerant, stark aggressiv gegen seine Umwelt, unangepaßt gegenüber der jeweiligen Situation.

Zusammengefaßt ergab sich, daß dieser Mann seit der Zeit seiner Kindheit, in der er noch nicht invalid war, kommunikationsgestört war und dazu neigte, sich die Umwelt durch Aggressionshandlungen botmäßig machen zu wollen. Es war ihm in seiner Ich-Schwäche mit begleitender narzißtischer Störung nicht möglich, sich in einen Menschen, ein Objekt, einzufühlen, es zu introjizieren. Dafür suchte er, diesen Mangel mit einer totalen Ausdehnung seines Narzißmus auf die anderen Menschen, die Objekte, zu kompensieren. Dieser narzißtisch schwerst gestörte Mensch hatte keinerlei Mitgefühl für andere. Sein Über-Ich war rudimentär oder höchstens in einem archaischen Ordnungssinn vorhanden. Kam es aber einmal zu einem Riß in seinem Ordnungsgefüge, so strömte ungestüm seine Dominationswut heraus. Dieser Mann lebte in der Grenzsituation desjenigen, der sich in seiner Beziehungsschwäche keinerlei Bild des anderen in sich entwerfen kann, keine adäquate Objektrepräsentanz besitzt, dafür aber den anderen Menschen umso mehr in seine Gewalt bringen möchte. Widerstrebt der andere einem solchen Individuum, so kann es zu Gewalttätigkeiten bis zum Mord kommen. Solche Menschen dulden andere nicht fern von ihnen. Sie müssen sie unterwerfen oder dann aus der Welt schaffen.

Leicht können wir bei diesen Menschen Züge wahrnehmen, wie sie in der großen Politik bei Diktatoren erkennbar werden. Selbst wenn von solchen Volksführern die Religion im Munde geführt wird, dient sie ihnen nur dazu, ihren Narzißmus gewaltsam auf das ganze Volk auszudehnen und es in ihren Machtbereich zu bringen, um so ihr an und für sich schwaches Selbstgefühl zu verstärken. Alles, was sich nicht dazurechnet, wird von diesen Menschen — mit ihrem korrumpierten Gewissen (BATTEGAY, 1979[1]) — ausgemerzt, ohne daß ein Gerichtsverfahren den meist zu Unrecht Angeklagten zur Verfügung stünde. Diese Menschen, die sich an der Grenzsituation des totalen narzißtischen Dominationsstrebens über andere befinden, dulden keine Eigenart außer der ihren. Sie sind gefährlich für einzelne ihnen Begegnende und können Gefahr bringen für ein ganzes Volk. Wenn ein Diktator sich eine ganze Nation botmäßig macht, dann erfolgt dieses Verhalten im Grunde genommen, weil er in seiner frühesten Kindheit keine entsprechende Objektrepräsentanz zu entwickeln vermochte und sich gar nicht vorstellen kann, daß auch in anderen Menschen Selbstverwirklichungstendenzen vorkommen. Bei diesen anlagemäßig und frühkindlich gestörten Menschen ist aber auch das Selbst, die Selbstrepräsentanz, beeinträchtigt, so daß sie das ganze Leben danach Ausschau halten und trachten, sich durch andere zu verstärken. Diese Menschen nutzen in der Regel politische oder wirtschaftliche Krisensituationen aus, in denen sich ein Volk verunsichert fühlt, sich die einzelnen gewissermaßen narzißtisch schwach fühlen. Diese «Volksführer» sind darauf aus, die Schwäche des Volkes auszunützen und es dann zu unterdrücken. Wenn sie in dessen Namen sprechen, so tun sie es, weil sie ihren Narzißmus mit ihrer totalen Domination den «Geführten» auferlegen.

Wir haben aber auch Patienten in unserer Poliklinik behandelt, die schwer narzißtisch beeinträchtigt waren und nur mit einem einzelnen Menschen in einer Symbiose, einer narzißtischen Fusion oder in einer totalen narzißtischen Kollusion (WILLI, 1975) leben wollten. Solche Menschen erwarten von ihrem Partner, daß er sich ausschließlich so verhalte, wie sie es sich in ihrer Phantasie vorstellen. Es ist beinahe unnötig zu sagen, daß ein Mensch nie dieses Verlangen erfüllen kann, selbst wenn er dazu motiviert wäre. Partnerschaften, die sich auf einer solchen Kollusion aufbauen, selbst wenn keine absolute Erwartung eines Partners diesbezüglich besteht, sind zum Scheitern verurteilt, weil beide, zumindest der narzißtisch Beeinträchtigte, immer eine Enttäuschung erleben werden, aber auch der andere Frustrationserlebnisse durchmachen muß, weil er sich nicht genügend entfalten und keine Eigenständigkeit entwickeln kann.

Zu einer Grenzsituation führt aber eine solche narzißtische Dominationstendenz erst dann, wenn infolge Selbst-Schwäche kein Verzug der Fusion in der äußeren Realität toleriert wird. Bei Individuen, die extrem in ihrer Objektrepräsentanz und in ihrem Selbst gestört sind, kann es dazu kommen, daß sie das Objekt total beanspruchen und in diesem ihrem Wunsch so ausschließlich werden, daß der Lebenspartner nicht mehr akzeptiert wird, wenn er auch nur die geringste Eigenständigkeit zu entwickeln versucht. Es kann so zum fatalen Ende kommen, wenn die Betreffenden mit Gewalt die mit ihnen verbundenen, ihnen aber nicht total folgenden Menschen aus der Welt schaffen. Der schließliche Griff zur Pistole und das Auslöschen der mitmenschlichen Existenz führen illusionär dazu, daß die solchermaßen schwerst in ihrem Narzißmus Gestörten glauben, nun das sich gegen sie Wehrende ausgelöscht zu haben. Die Aggression gegen den Partner erfolgt, weil die Betroffenen in eine Grenzsituation gelangen, in der sie es nicht ertragen, es sie kränkt, daß der andere sich endgültig als andersartig als sie erweist und sich damit vermeintlich oder wirklich von ihnen lossagt.

Wir hatten eine 37jährige zu begutachten, die ihren drogenabhängigen Mann, unmittelbar nachdem er aus der Haft entlassen worden war, mit dem Revolver tötete. Die asthenische, zartgliedrige Frau war die Tochter eines Handwerkers und einer stillen, in sich gekehrten, wenig zärtlichen und strengen Mutter, die seit dem achten Lebensjahr unserer Explorandin außerhalb des Hauses einer Arbeit nachging. Als viertes von sechs Kindern ist die durch uns begutachtete Frau in einem Reihenhaus lieblos aufgewachsen. Sie teilte mit einem zerebral geschädigten Bruder und einer Schwester das Zimmer. War sie der Aufsicht über den Bruder nicht gewachsen, wurde sie bestraft. Die Schulen bereiteten ihr keine Schwierigkeiten. Unzulänglich aufgeklärt, kam sie in die Menarche. Nach Schulabschluß erlernte sie einen künstlerischen Beruf. Sie erlebte den intimen Verkehr mit ihrem Freund als schmerzhaft, und sie wollte nachher, bei späteren Verbindungen, nichts mehr davon wissen. 19jährig, lernte sie, in einem vorwiegend von jugendlichen Drogenabhängigen besuchten Lokal, ihren etwas jüngeren späteren Ehemann kennen. Er sei der erste Mann gewesen, den sie wirklich geliebt habe. Sie empfand anfänglich beim intimen Verkehr mit ihm nichts. Später aber kam sie zu ihrer Befriedigung. Die Eltern waren gegen diese Freundschaft. Die junge Frau und ihr Freund begaben sich zusammen in ferne Länder, und sie kam erstmals selbst mit Drogen in Berührung. Der Freund sprach bald im Übermaße dem Alkohol zu und nahm Amphetamin, LSD sowie Heroin zu sich. Wiederholt kam er mit dem Strafgesetz in Konflikt. Als sie 21 Jahre alt war, gebar sie eine Tochter. Zuerst wurde das Kind in eine Pflegefamilie gegeben, dann in ein Tagesheim. Als sie und ihr Freund arbeitslos waren, konnten sie das Kind zu Hause behalten. Später betätigte sie sich in einem Fabrikunternehmen. Sie war als gute Arbeitskraft geschätzt. Immer mehr litt sie aber darunter, daß der Freund sich nicht so verhielt, wie sie es erwartete. Er nahm sich zunehmend Freiheiten heraus, brachte Freundinnen nach Hause, veranlaßte sie zur Prostitution und finanzierte von dem Erlös seinen Drogenkonsum. Er legte sich eine Waffensammlung zu und unterrichtete seine Partnerin im Schießen. Sie fühlte sich immer mehr eingeengt und aufs schwerste enttäuscht. Er quälte sie, obschon er Freundinnen hatte, mit Eifersuchtszenen, weil er es nicht ertrug, daß sie ihm nicht total hörig war. Auch sie wurde in steigendem Maße mißtrauisch ihm gegenüber, weil er ihre Erwartungen nicht nur nicht erfüllte, sondern sogar verletzte. Beide waren im Grunde genommen gleichermaßen darauf aus, daß ihr Partner die unbewußten Strebungen des anderen lebe. Er kam wegen eines Drogendeliktes erneut ins Untersuchungsgefängnis. Damals schlossen die beiden die Ehe. Sie versuchte, ihn aus der Haft zu befreien und wurde deshalb selber in ein Strafverfahren verwickelt. Eine kurze Zeit lang ließ sie sich in eine außereheliche Beziehung ein, angeblich um den Mann zu motivieren, sich von ihr zu trennen. Plötzlich erfuhr sie, daß ihr Gatte am anderen Tag heimkommen, aus der Haft entlassen werde. Sie habe sich die ganze Nacht überlegt, was sie tun solle, und sie sei zum Schluß gekommen, daß sie ihn umbringen wolle, da er nie von ihr ablassen werde. So kam es am Tag der Heimkehr des Mannes zur Tat, wobei sie ihn mit einer seiner eigenen Waffen erschoß, indem sie mehrere Schüsse auf ihn abgab.

Die ganze Lebensgeschichte dieser jungen Frau zeigt, daß sie in ihrer Kindheit einerseits sich nicht durchsetzen konnte und andererseits nie jene Wärme, jene Stimulation und jene Möglichkeiten zur kognitiven Erfahrung hatte, die ein Kind zum Aufbau eines konsistenten Selbst unbedingt benötigt. Sie band sich in ihrem narzißtischen Fusionsbedürfnis an einen Mann, der seinerseits schwer narzißtisch gestört war, und erwartete von ihm ein Leben in einer vollen Symbiose. Sie wurde so zu seiner Komplizin in bezug auf den Drogenkonsum und die Befreiung aus der Haft. Wohl zu Recht fühlte sie, daß der Mann von ihr nicht lassen werde. Sie war in ihrer Schwäche aber ihrerseits keineswegs in der Lage, auf ihn zu verzichten. Da sie sich nicht imstande fühlte, ohne die totale dominierende Ausdehnung ihres Narzißmus auf ihren Mann zu leben, schaffte sie ihn aus der Welt. Nur durch sein «Auslöschen», glaubte sie, werde ihr die innere Freiheit gegeben, die sie bislang nicht gehabt hatte.

Auch diese junge Frau war an eine Grenzsituation gekommen, bei der es ihr klar geworden war, daß der ihr untreue und wenig ordnungsorientierte Mann, trotz ihrer mißtrauischen Bewachung, ihr nie vollkommen zu Gebote stehen kann und wird, obschon oder gerade weil er sie selbst zu seiner narzißtischen Ergänzung und zur Stützung seines Ich beanspruchte.

Wir hatten eine andere Frau zu begutachten, eine 30jährige, die in Selbstbedienungsläden sinnlos Gegenstände zusammengestohlen hatte, für die sie in keiner Weise eine Verwendungsmöglichkeit hatte. Diese Frau war in ungünstigen Familienverhältnissen aufgewachsen. Die Eltern waren geschieden worden, als sie etwa einjährig war. Bis zum vierten Lebensjahr kam sie zu den Großeltern mütterlicherseits. Als die Mutter sich in einem fernen Land wieder verheiratet hatte, wurde sie dorthin geholt. Vom Stiefvater habe sie ständig zu hören bekommen, daß sie nicht zur Familie gehöre. Auf ihren leiblichen Vater entwickelte sie einen furchtbaren Haß, da er sich nicht um sie kümmerte. Die Mutter wurde von ihr als schwach erlebt. Auf ihre Halbschwester reagierte sie mit Eifersucht. Sie sehnte sich nach Liebe, Wärme und Geborgenheit, die sie nicht bekommen konnte. Schon als Kind begann sie, kleinere Geldbeträge zu entwenden. Sie kaufte dafür Süssigkeiten für andere Kinder, um sie für sich zu gewinnen. Nach der Schulzeit beging sie kleinere Taschendiebstähle, so daß sie Schwierigkeiten an Lehrstellen bekam und einen ersten Suizidversuch ausführte. Um sich von zu Hause abzusetzen, ging sie mit einem Manne, den sie nicht liebte, eine Ehe ein. Sie ersehnte sich gleich ein Kind, damit sie sich bestätigen und ihre innere Leere ausfüllen könnte. Nachdem es zu einer Totgeburt gekommen war, beging sie wieder einen

Selbstmordversuch. Die Ehe scheiterte. Nach der Scheidung ging sie gleich eine Beziehung mit einem anderen Manne ein. Als sie erfuhr, daß er ein Zuhälter war, führte sie einen weiteren Suizidversuch aus, und sie mußte psychiatrisch hospitalisiert werden. Sie lernte dann einen Mann aus dem Ausland kennen, verliebte sich in ihn. Bald ließ er sie mit Schulden im Stich. Sie begann Diebstähle zu begehen. Diese steigerten sich im Verlaufe der Zeit, und es kam zu mehrfachen Betrügereien mit Urkundenfälschungen und nachfolgender Bestrafung. Schließlich freundete sie sich mit einem Akademiker an. Sie wurde von ihm schwanger und gebar ein Kind. In der Beziehung zu dem akademisch gebildeten Manne kam es immer wieder zu Spannungen. Sie sehnte sich sehr nach seiner Liebe, doch er gab ihr, wie sie sagte, nicht das zurück, was sie erwartete. Er fragte sich stets, ob er bei ihr bleiben solle, da er sich durch ihr ständiges Mißtrauen seiner Freiheit beraubt fühlte. An einem Abend begab er sich mit einem Bekannten, der im gleichen Haus wie er und die junge Frau wohnte, in die Stadt. Da das Haus sehr wenig isoliert war, hörte sie diesen Bekannten um 02.00 Uhr nach Hause kommen. Ihr Freund war noch nicht da. Als er um 04.00 Uhr heimkam, warf sie ihm sein spätes Heimkommen vor. Er soll zur Antwort gegeben haben: «Dies ist Männersache». Sie habe dann ein Küchenmesser geholt und ihn unerwartet mehrere Male in seine Brust gestochen. Bald darauf erlag der Freund den Herzverletzungen, die bei diesen Einstichen erfolgt waren.

Diese selbstschwache Frau hatte während des ganzen Lebens — vergeblich — versucht, Liebe zu erhalten, und sie klammerte sich krampfhaft an alle Männer, denen sie begegnete. Irgendwie erwartete sie, daß diese Männer ihr schwaches Selbstgefühl stützten und sie ergänzten, sie verstärkten. Eine Eigenständigkeit dieser Männer duldete sie nicht, und es dürfte kein Zufall sein, daß einer vor ihr in ein fremdes Land floh. Im Zusammenleben mit dem Akademiker, von dem sie ein Kind erwartete, war sie offenbar an eine Grenzsituation geraten. Nochmals hatte sie versucht, ihr schwaches Selbst zu stützen und, in narzißtischer Kollusion, einen Mann voll und ganz zur Verfügung zu haben, doch sie erkannte, daß er mindestens ein Stück Freiheit für sich behalten wollte. Als sie ihre Grenze und die damit begrenzten Möglichkeiten der Domination voller Mißtrauen erkannte, stach sie auf ihn ein. Eher nahm sie es in Kauf, ihn zu verlieren, als daß er eine Eigenständigkeit entwickeln durfte.

Bei solchen extrem in ihrer Objekt- und in ihrer Selbstrepräsentanz Gestörten besteht, wie bei der im Beispiel angeführten Frau, die Gefahr, daß sie in eine schwerste Mißtrauenseinstellung ihren nahen Mitmenschen gegenüber hineingeraten und schließlich an eine Toleranzgrenze kommen, wenn sie ihren totalen Anspruch auf ihren Lebenspartner oder auf ihre sonstige Umgebung nicht verwirklichen können. Diese Menschen können dann nicht etwa nur für sich, sondern auch für ihre Umgebung gefährlich werden.

Man wird sich natürlich mit Recht fragen, ob Menschen, die zu solchen Taten fähig waren, infolge Ich-Schwäche nicht von vorneherein nur ungenügend in der Lage waren, ihnen dargebrachte Liebe und Wärme zu empfinden, eine Selbst- und eine Objektrepräsentanz, eine wahre Vorstellung vom Mitmenschen, zu entwickeln. Wir werden dazu kommen, feststellen zu müssen, daß wohl eine gewisse anlagemäßige genetische Komponente mitspielte, wie das karge frühkindliche Milieu in allen drei Beispielen beweist, die gefühlskalten Charaktere in der Vorgeneration andeuten und die Schwierigkeiten bereits in Kindheit und Jugend dieser Menschen vermuten lassen. Bei der Behandlung solcher Menschen ist darauf zu achten, daß sie, die zweifellos sehr stark leiden, sich meist auch ungünstige Partner «aussuchen» und die äußere Realität nicht wahrhaben können, in Gefahr stehen, sich ihnen nicht blind fügende Beziehungspersonen gewaltsam aus der Welt zu schaffen.

11. Die Grenzsituation des Zwanges

Wem eine Situation entgleiten will, der möchte sie bzw. seine damit einhergehende Angst, besonders wenn er sich (Ich-)schwach fühlt, oft gerne mit Zwang zu beherrschen versuchen. WALTER SCHINDLER (1964) spricht davon, daß der dem Zwang inhärente Sadomasochismus eine der Möglichkeiten zur Angstvermeidung darstelle. Wir sehen dieses Phänomen nicht nur in gewissen politischen Systemen, sondern auch bei Individuen, die in ihrer frühen Kindheit, in der analen Phase ihrer Entwicklung, zwischen dem 2. und 3. Lebensjahr entweder übergebührlich sich einer ihnen auferlegten Reinlichkeitserziehung unterzogen haben oder aber ihren Eigenwillen beinahe grenzenlos durchzusetzen vermochten. In beiden Fällen kommt es zu einer Angst vor dem Dominant-Werden der Triebhaftigkeit. Aber auch orale Ansprüchlichkeit sowie als unerlaubt erfahrenes Sexualstreben sollen etwa mittels des Zwanges, mittels Zwangsgedanken, -handlungen und -ritualen magisch gebannt werden. SIGMUND FREUD (1923) sprach bei diesen Zwangskranken von einer Triebentmischung. Er meinte damit, daß sich der Aggressionstrieb vom Sexualtrieb löse, eine Eigenständigkeit entwickle und dabei selbst mit sexueller Libido besetzt werde, das heißt, zum triebhaften Selbstzweck werden könne. Die im Zwang eingebundene Aggression kann dementsprechend zur sadistischen oder masochistischen Lustbefriedigung dienen.

Die Betroffenen versuchen, ihrer Triebhaftigkeit durch den Zwang Herr zu werden, verraten sich dabei aber durch diese Triebabwehr umso mehr. Schließlich sind sie nur noch damit beschäftigt, ihre Zwänge zu vollziehen, und sie können am Leben kaum mehr Anteil nehmen. Damit sind sie in eine Grenzsituation geraten: Am Leben vermögen sie kaum mehr Anteil zu nehmen. Das Sinnlose ihres Zwangsrituals ist ihnen ersichtlich, und doch können sie nicht anders. Es drängt sich nun ihnen auf. Dabei erschöpfen sie sich zunehmend.

Eine 60jährige Frau, die als gesunde Tochter eines Kaufmanns und einer zwangskranken Mutter aufgewachsen ist, litt als Kind sehr unter den mütterlichen Zwängen und aggressiven Erziehungspraktiken. Als jüngste von fünf Geschwistern sah unsere Kranke als Kind die Wasch- und Putzzwänge der Mutter mit an. Das älteste der Geschwister, eine Schwester, soll ebenfalls zwangskrank gewesen sein. Eine Schwester der Vatersmutter sei wegen paranoider Schizophrenie psychiatrisch hospitalisiert gewesen. Die Jugend der Patientin war schwierig, weil die Mutter sich wenig um die Kinder kümmerte, mit ihren Zwängen beschäftigt war und keinerlei Widerspruch duldete. Aus der Schule brachte sie gute Noten mit nach Hause, und sie absolvierte mit Erfolg ein Universitätsstudium. Ihren zukünftigen Gatten, 11 Jahre älter als sie, lernte sie kennen, nachdem sie eine Freundschaft zu einem anderen Manne aufgelöst hatte. Ein Jahr darauf, in ihrem 30. Lebensjahr, erfolgte die Verheiratung. 33jährig, mußte sie sich einer Myomoperation unterziehen. Nachdem sie erfahren hatte, daß sie keine Kinder haben könne, begannen ihre ersten Zwänge: Sie mußte ihre Handtasche immer waschen, wenn sie jeweils nach Hause zurückkehrte. In ihrem 39. Lebensalter trat nach und nach eine weitere Verschlimmerung ihrer Zwänge ein. Kamen der Gatte und sie nach Hause, mußte sie ihre Kleider und die Anzüge ihres Mannes sowie die ganze Wohnung waschen. Zwei Jahre später, in ihrem 41. Lebensjahr, trat eine weitere Verschlechterung ihres Leidens ein. Sie mußte so lange ihren Zwängen nachgehen, daß sie jeweils erst um 03.00 Uhr ins Bett kam. Körperlich war sie so überbeansprucht, daß sie an den Rand ihrer Kräfte gelangte. Der Ehemann ist vollkommen eingespannt in ihr Zwangssystem, so daß auch er sich erschöpfte. Die Patientin kam erst 60jährig in unsere Poliklinik, und zwar weil sie nicht mehr ein noch aus wußte. Im Gespräch mit dem Arzt vermochte sie nur jene Fragen spontan zu verstehen, die grammatikalisch ganz einwandfrei konstruiert waren. Sie wirkte sauber gekleidet, jedoch älter, als ihrem Jahrgang entsprach. Kam die Rede auf ihre Zwänge, so konnte sie vieldeutig lachen. Es war ihr selbst klar, daß sie vollkommen tabuiert erzogen worden war. Offenbar durfte sie nun weder an sich noch am Ehemann Triebhaftes dulden. Ihre zwangshafte Reinlichkeit ließ aber gut erkennen, daß dennoch triebhafte Phantasien, zumindest unbewußt, sie beschäftigten. Ihre Zwänge verrieten aber auch eine tyrannische Tendenz. Sie konnte dabei den Gatten total für sich beanspruchen. Offenbar war sie nicht nur im Bereich ihrer Sexualentwicklung beeinträchtigt und hatte sie demzufolge eine Regression auf die anale Phase der Triebentwicklung durchgemacht, sondern sie war auch im narzißtischen Bereich gestört. Im Grunde genommen war bei ihr auch die Objektrepräsentanz schwach. Deshalb vermochte sie das Leiden ihres Mannes, der, wie erwähnt, gänzlich in ihre Zwänge eingespannt war, kaum zu ermessen. An eine Grenzsituation war diese Kranke geraten, weil es ihr einerseits nicht einmal mit der Mitarbeit des Gatten gelang, ihrer Triebhaftigkeit vollkommen Herr zu werden, und sie andererseits am Leben kaum mehr Anteil hatte.

Die Zwangskranken bemühen sich demnach, Herr über ihre sexuellen und anderweitigen triebhaften Ansprüchlichkeiten zu werden. Sie benützen dazu jene Methoden, die sie von der analen Phase ihrer Triebentwicklung her kennen. Es sind Menschen, die bei der Reinlichkeitserziehung meist übergebührlich oder aber im anderen Falle ungenügend die Maße der Ordnung kennengelernt haben und nun versuchen, mittels eines zwangshaften Ordnungssystems ihre offenbar hintergründig übermäßige Triebhaftigkeit — vergeblich — zu meistern. In Anbetracht der Tatsache, daß zu einer erwachsenen Person auch eine reife Triebsphäre — man könnte auch sagen Appetenz — gehört, stellen Zwangsphänomene Regressionserscheinungen dar, die von Menschen unbewußt in Gang gesetzt werden, um ihre Angst vor dem Kontakt mit anderen Individuen in Schach zu halten. Sie fühlen sich ungenügend gereift, um eine emotionale Beziehung zu anderen Menschen eingehen zu können und flüchten unbewußt in das Zwangszeremoniell. Die anankastischen Symptome verraten indes auch, daß einerseits zutiefst Triebhaftes sich verwirklichen möchte, das jedoch andererseits mit allen magischen Mitteln an der Verwirklichung verhindert werden soll. Die Betreffenden gelangen an eine Grenzsituation, wenn sie erkennen, mit ihren Zwängen die «Gefahren» nicht zu meistern und dazu noch sich dem Leben vollkommen zu entfremden.

Bei der Zunahme der computergesteuerten Reglementierung in unserer Gesellschaft gewinnen wir immer mehr den Eindruck, daß wir Menschen ganz allgemein einem Zwangssystem unterworfen werden. Zwar wird es so möglich sein, die Administration größerer Bevölkerungsgruppen zu erleichtern, doch wird sie damit auch entmenschlicht. Wir werden schließlich an eine Grenzsituation gelangen, an der wir restlos der computerisierten Datenverarbeitung unterworfen sein und uns dem damit verbundenen Zwangssystem auch in Demokratien kaum mehr erwehren können werden. Ein «Ombudsmann» wird die damit verbundene Härte zwar etwas zu mildern vermögen, doch bleibt die Tatsache bestehen, daß wir an jene Grenzsituation gelangen werden, bei der die Reglementierung des Lebens es gleichzeitig mit dem Untergang bedrohen wird.

12. Die phobische Grenzsituation

Gewisse Objekte und Situationen lösen bei Individuen, welche in ihrer phallisch-ödipalen Entwicklungsphase (3.—5. Lebensjahr) eine Störung (Fixation) erfahren haben, Ängste aus. Diese objekt- bzw. situationsgebundenen Zwangsängste deuten symbolisch den zugrunde liegenden ödipalen Konflikt an. Nach unseren Erfahrungen zu schließen, sind die schweren Phobien in den letzten Jahren seltener geworden. Dieser Umstand könnte darin begründet liegen, daß, bei den lockerer gewordenen Familienbeziehungen in der Gegenwart, die ödipale Problematik in den Hintergrund getreten ist. Mitursächlich dafür könnte aber auch sein, daß die Menschen heute in der Regel doch trieb- und naturnäher erzogen werden als um die Jahrhundertwende und die Aufmerksamkeit etwas von den Eltern abgezogen und auf (gegengeschlechtliche) Partner verlegt wurde. Obschon die Menschen zunehmend kompliziertere technische Apparaturen benützen, die sie der Natur entfremden, hat schon allein der moderne Sport dazu beigetragen, daß heute eine gewisse Beziehung zum eigenen Körper und zum Naturhaft-Natürlichen besteht, während am Ende des 19. Jahrhunderts ein Tabu gegen das Triebhafte vorherrschte und die Natur oft nur «stilisiert» erlebt wurde.

Menschen, die unter Phobien leiden, können in ihrem Lebensvollzug sehr beengt sein. Wir kennen die verschiedensten solcher Ängste, so z. B. vor geschlossenen Räumen, vor der Eisenbahn, dem Flugzeug, vor Brücken, vor spitzen Gegenständen, Messern, vor dem Feuer, vor dem eigenen Erröten und die Angst vor den verschiedensten Tieren. Diese Phobien versetzen die davon betroffenen Menschen in den entsprechenden Situationen in Panik. Wenn ein Individuum beispielsweise an einer Agoraphobie (Platzangst) leidet, so kann es an die Grenzsituation gelangen, daß es nicht mehr aus seinem Haus zu gehen vermag. Im Symptom der Phobie drückt sich meist der als verboten erlebte Trieb und dessen Abwehr aus. Das Über-Ich der Betroffenen möchte sie für verborgenes Triebverlangen bestrafen, das beim Innewerden von Situationen und Objekten, die sie unbewußt an die ödipale Versuchungssituation erinnern, aktiviert wird, wobei im Ich phobische Angst entsteht.

Eine 29jährige verheiratete Frau und Mutter zweier Kinder berichtete darüber, daß sie drei Jahre zuvor einen Arzt habe aufsuchen müssen, weil sie sich nicht mehr auf die Strasse zu gehen getraut habe. Ihr Vater sei von Beruf Handwerker. Sie habe ihn sehr gerne. Er sei 60 Jahre alt. Die Mutter sei drei Jahre älter, temperamentvoll und dominierend. Ihr Bruder sei eineinhalb Jahre jünger als sie. In der Schule habe sie keine besonders guten Leistungen erbracht. Sie habe immer nur eine Freundin gehabt. Zu Männern habe sie keine festen Beziehungen unterhalten. In ihrem 20. Lebensjahr habe sie einen Handwerker geheiratet. Ein Jahr darauf sei eine Tochter, und weitere sechs Jahre später sei ein Sohn zur Welt gekommen. Der Mann sei nett, die Kinder außerordentlich brav. Die Familie bewohne ein Dreizimmerlogis in dem Haus, in dem die Eltern wohnten und das ihnen auch gehöre. Bis in ihrem 25. Lebensjahr habe sie halbtags gearbeitet. Der Mann habe einen knappen Verdienst. Im selben Haus habe es noch eine Vierzimmerwohnung. Es wohne darin eine alte Dame. Man habe sich gefragt, ob man ihr kündigen wolle, doch möchte sie nicht, daß diese Frau rausgeworfen werde. Die Patientin berichtete darüber, etwa Angst zu haben, tot umzustürzen, und zwar ungefähr seit drei Jahren. Da sie nicht mehr arbeite, sei sie auch mehr um ihre Mutter herum. Sie sei sehr eifersüchtig auf den Bruder, weil er ihr immer vorgezogen werde. Als Kind habe die Patientin nie Ordnung halten können. Die Mutter habe sie deswegen lieblos immer mit einer verstorbenen Tante verglichen. In der zweiten Sitzung berichtete die Patientin, daß sie und ihr Gatte intensiv nach einer neuen Wohnung suchten, doch seien alle Objekte, die sie gesehen hätten, sehr teuer. Zur Zeit träume sie nachts stets, sie gingen eine Wohnung anschauen. Im Gespräch identifiziert sich die Patientin mit ihrem Vater, der, wie erwähnt, drei Jahre jünger sei als die Mutter. Der Vater sei ruhig, der Mutter untergeordnet, ordnungsliebend. Sie, die Patientin, sei abhängig von der Umwelt und besonders von der Mutter, nicht durchsetzungsfähig. Die Mutter habe gemeint, es wäre besser, sie, ihre Tochter, wäre nie zur Welt gekommen. Als die Patientin einmal von einem Urlaub zurückgekehrt sei, habe die Mutter zu ihr gesagt, sie habe sich erholen können, weil sie, ihre Tochter, nicht zu Hause gewesen sei. Als unsere Kranke einmal einen Besuch von einem ihr bekannten Herrn erhalten habe, sei sie von der Mutter als Hure tituliert worden. In der vierten Sitzung erklärte die Patientin, sie möchte erst wegziehen von der Mutter, wenn sie ein eigenes Haus haben könne, vielleicht in einem Jahr. Sie vermöge sich bereits besser ihr gegenüber durchzusetzen. In der sechsten Sitzung stellte sich heraus, daß die Patientin Mühe hatte, der Mutter zu widerstehen und sich ihr nicht wieder unterzuordnen. Sie ertappte sich gelegentlich dabei, wie sie die Mutter um Rat fragte. In der siebten Stunde berichtete sie, daß sie während geraumer Zeit weniger Angst gehabt habe auf der Straße, dann aber wieder mehr, nachdem sie außerhalb unserer Stadt ein Einfamilienhaus besichtigt gehabt habe. In der zwölften Sitzung sagte sie, es sei ihr schlecht ergangen, nachdem sie die kranke Mutter ihrer Freundin angetroffen habe. In der 13. Sitzung berichtete sie über einen Traum. «Der Therapeut hatte eine Praxis im Freien. Es hatte Gänse. Ich mußte zu Ihnen (Therapeut) über eine Brücke. Sie holten einen Kinderwagen vom Pult. Dort drinnen war ein Mädchen. Der Therapeut sagte, es sei ein typisches Beispiel seelischer Grausamkeit. Es sah aus wie ein Buschi mit seinen vier Jahren. Es werde am Donnerstag operiert. Sie (der Therapeut) fragten mich, ob ich es nicht operiere.» In den Einfällen kam der Patientin in den Sinn, daß es furchtbar schwer gewesen sei, zum Therapeuten zu gelangen. Offenbar fühlte die Patientin, daß sie noch kindlich war, und sie erlebte wohl als seelische Grausamkeit, was die Mutter mit ihr getan hatte. In der 14. Sitzung berichtete sie, daß ihr Ehemann und sie ein neues Haus gekauft hätten. Sie fühle sich besser. Allerdings leide sie unter einem Einsamkeitsgefühl, wenn sich ihr Mann im Militärdienst befinde. In der 21. Stunde bemerkte sie, daß der Vater, komme er allein vorbei, immer sage, er sei ganz zufällig am Hause vorbeigekommen. Er besuche sie nun öfters. In der gleichen Sitzung berichtete sie über einen Traum: «Unser Haus war vom Wind davongetragen worden. Ich mußte zurück ins Elternhaus, wieder in die Wohnung. Der Nachbar riß das Haus ab, und es gab überall Löcher in den Wänden, Sand kam hinein. Der Mann und die Kinder erstickten im Sand.» Irgendwie spürte die Patientin, daß sie noch immer die Tendenz hatte, in der ödipalen Dreieckssituation zu leben. Zustände, in denen sie frei auf die Straße gehen konnte, wechselten ab mit solchen, in denen sie völlig an das Haus gebunden war. In der 28. Stunde erklärte sie, daß sie sich sage, sie müsse leben, sie müsse der Angst trotzen. In der 30. Stunde berichtete sie darüber, daß der Vater habe ins Spital eintreten müssen. Sie erklärte dabei unter anderem: «Wenn nur ich an seiner Stelle stürbe.» — «Ich hätte es lieber gesehen, wenn die Mutter vorher ,gegangen wäre' und ich den Vater zu mir nehmen könnte.» Sie leide unter Angst sowie Herzrhythmusstörungen und fühle sich auf der Straße schlecht. Immer wieder berichtete sie, wie sie von der Mutter schlecht behandelt worden sei. Bis zur 55. Sitzung erkannte die Patientin allmählich ihr ödipales Verhältnis zu den Eltern, ihre ambivalente Abgrenzung gegenüber der Mutter und ihr «intimes» Verhältnis zum Vater. Sie hatte es, wenn man so will, «hinter dem Rücken der Mutter», mit ihm. Ihre Agoraphobie entsprach einer archaischen Bestrafungstendenz durch ihr Über-Ich. Es gelang der Patientin, sich nach und nach diese Problematik bewußt zu machen, nach dem Auszug aus dem elterlichen Haus in ihr neues Haus eine eigene Identität zu finden. Nach anfänglichen Rückschlägen in bezug auf ihre Agoraphobie — jeweils nach mütterlichen Vorhaltungen — besserte sich ihr Zustand zusehends. Sie nahm in der Folge an allwöchentlich stattfindenden gruppenpsychotherapeutischen Sitzungen teil. In dieser Gruppe nahm sie, in den Augen der anderen Gruppenteilnehmer, allmählich die Rolle der «Mutter» an. Es ging ihr dabei recht gut, und ihre Ängste waren auf ein Minimum reduziert.

Die Agoraphobie der erwähnten Patientin zeigt — wie im Grunde genommen jegliches neurotische Symptom — einerseits ihre Triebtendenz, andererseits die vom Über-Ich diktierte Abwehr dieses Strebens durch das Ich auf. Sie wurde gewissermaßen von ihrer Gewissensinstanz als «Dirne» gestempelt und des Platzes verwiesen. Die Abwehrmechanismen können bei den Phobien so weit gehen, daß die Betroffenen in eine Grenzsituation hineingeraten und z. B. überhaupt nicht mehr aus dem Hause zu gehen vermögen oder sonst sehr eingeschränkt sind. Die Phobien zeigen, wie die Zwänge, mit dem Alter keine Besserungstendenz, da ein Lernprozeß des Vermeidens in bezug auf diese Ängste durchgemacht wird, der sie fixiert, obschon im Alter die Triebhaftigkeit nachläßt. Doch bleibt auch das Gedenken der ödipalen Bindung aufrechterhalten, so daß diese Zwangsängste zeitlebens bestehen bleiben und eine menschliche Existenz total einengen können.

Wir erinnern uns in diesem Zusammenhang an eine alte Direktorsfrau, die musikalisch hochbegabt war, einen väterlichen Mann geheiratet hatte und bald nach ihrer Eheschließung an schwerwiegenden Phobien erkrankte, so daß sie nie mehr ohne Begleitung des Mannes oder einer Angestellten auszugehen vermochte. Selbst dann konnte sie an die von ihr geliebten Konzerte nur gehen, wenn sie nahe der Türe saß, weil sie sich im großen Konzertsaal ängstigte. Das Leben dieser hochbegabten Frau war so beeinträchtigt, daß sie kaum mehr etwas von ihren Möglichkeiten zu erfüllen vermochte.

Die Angst vor gewissen Situationen und Objekten ist zwar eine verbreitete, bei den Phobikern wird die auftretende objektbezogene Panik aber zum Hinderungsgrund für die Lebensverwirklichung. Wenn bei einem Menschen etwa Angst vor etwas Neuem auftritt, so ist sie meist ebenfalls phobisch. Es wird etwas panisch gemieden, das man nicht kennt, etwas, was «auf das Glatteis» führen könnte. Die Menschen haben gelegentlich (unbewußt) auch Angst, sie könnten durch Unbekanntes — oder Unbekannte — «verführt» werden, ebenso wie sie sich vor der ödipalen «Verführung» ängstigen. Heute sehr verbreitet ist die zwangshafte Angst vor Infektionskrankheiten. Diese phobische Angst vor dem Angestecktwerden stört häufig den mitmenschlichen Kontakt. Bald hat ein Großteil der Menschen Angst vor dem Händedruck, weil dabei ein Virus übertragen werden könnte. Ob dabei nicht auch eine Rationalisierung einer unbewußten Verführungssituation vorliegt? Alles sollte so hygienisch, so reinlich dastehen, so unbefleckt, daß man sich gut vorstellen könnte, es sei hintergründig eine ödipale Versuchungssituation mit vorhanden. Vor lauter Beobachtung von «Sterilitätsregeln» können sich die Menschen kaum mehr begegnen. Sie meiden sich, z. B. besonders im Winter, wenn Erkältungskrankheiten die Runde machen. In dieser Jahreszeit hätten die Menschen den Kontakt aber besonders nötig. Die Sterilität ist geradezu zu einer Grenzsituation geworden, in der die Menschen vor lauter Ansteckungsangst — wegen des unklaren Objektes sprechen wir hier nicht von Ansteckungsfurcht — in eine Isolation hineingeraten, die das Leben erst recht in Frage stellt.

Wir werden später noch auf die Grenzsituation zu sprechen kommen, in der Menschen wegen einer Erkrankung im System der die Abwehr der Infektionen erzeugenden Leukozyten (weiße Blutkörperchen) mit einer Agranoluzytose (totales Fehlen der weißen Blutkörperchen) oder einer Leukopenie (Mangel an weißen Blutkörperchen) mehr oder weniger lange Zeit geschützt im sogenannten Life-Island verbringen müssen. Sie sind notwendigerweise abgeschirmt vom mitmenschlichen Kontakt, weil sie keine Abwehr mehr haben gegen Infektionserreger. Die mitmenschliche «Bakteriophobie» ist verbreitet, und die Betroffenen versuchen zwangshaft-phobisch, jegliche Berührung mit Erregern abzuwehren, auch dann, wenn diese verhütende Haltung nicht angezeigt ist und zu einer reduzierten Immunität gegenüber Erregern führt. Im Grunde genommen ist es ja das stetige Einwirken von Krankheitserregern, das vor eigentlichen Infektionen durch Immunisation schützt.

13. Die hysterische Grenzsituation

Bekanntlich haben bereits SIGMUND FREUD und JOSEPH BREU-
ER (1893) festgestellt, daß die Patienten, die an einer Konversionshysterie erkranken, an Erinnerungen leiden. Das hysterische Symptom entspräche unter diesem Aspekt unbewußten
Phantasien, die durch Innervationen oder eine Innervations-
störung zum Ausdruck kommen, welche wohl der subjektiven
Vorstellung des Betroffenen vom Verlauf der Nervenbahnen,
nicht aber den anatomischen Gegebenheiten, entsprechen. Die
unbewußte Erinnerung steht wieder im Zusammenhang mit
dem Ödipuskonflikt, der üblicherweise im 3. bis 5. Lebensjahr
dominant wird. Die hysterische Grundproblematik liegt darin,
daß der betreffende Mensch in seiner Beziehungsfähigkeit beeinträchtigt ist, weil er in jeder neuen Beziehung zum Gegengeschlecht sich ängstigt und/oder wünscht, mit der ursprüngli-
chen gegengeschlechtlichen elterlichen Beziehungsperson in
Kontakt zu kommen und dabei ein Inzesttabu zu brechen.
So sehr bei einer Vielzahl von Patienten, die an körperlich
nicht begründbaren Arm- und Beinlähmungen, Blind- und
Taubheitsgefühlen, Aphonien, Globusgefühlen im Hals, An-
ästhesien, hysterischem Zittern, Dämmerzuständen und syste-
matischem Danebenantworten im Sinne des GANSERschen Syndroms leiden, eine solche ödipale Problematik zugrunde liegt,
ebenso sehr finden wir bei einer Minderzahl von Menschen mit
hysterischen Symptomen keine inzestuöse Konflikthaftigkeit
heraus. Ein hysterisches Syndrom, das heißt das unbewußte de-
monstrative Zur-Schau-stellen, kann auch dann aufkommen,
wenn tatsächlich in der Außenwelt akut schwerwiegende Situationen zu bewältigen sind. In der Grenzsituation eines Schiffs-
untergangs beispielsweise wird es bei vielen Menschen, die
landläufig als gesund angesehen werden, zu mannigfaltigen
ausdruckshaften Manifestationen kommen, die hysterisches

Gepräge aufweisen. So sind beispielsweise Totstellreflex und Bewegungssturm nicht nur im Tierreich in Gefahrsituationen festzustellen, sondern auch beim Menschen, wenn er sich auswegslos einer Gefahr ausgeliefert fühlt. Es wird in einer solchen Lage mancher Mensch in einen hysterischen Dämmerzustand verfallen, in dem er sich nur noch seinem Inneren, nicht mehr aber der gefahrvollen äußeren Realität zuwendet. Im Volksmund heißt es dann etwa: «Er hat den Verstand verloren», als er eine bestimmte Gefahr wahrnahm oder eine gewisse Nachricht erfuhr. Dieses «Verstandverlieren» im hysterischen Dämmerzustand ist als Möglichkeit uns allen gegeben, wenn wir in eine Grenzsituation auswegsloser Lebensgefährdung gelangen. So hat auch SHAKESPEARES Ophelia nach der Ermordung ihres Vaters durch den von ihr geliebten Hamlet den Verstand verloren.

Doch diejenigen hysterischen Manifestationen, die uns als Psychiater und Psychotherapeuten beschäftigen, sind meist jene, die irgendwie mit einer Fixierung an das ödipale Geschehen verbunden sind. So können Männer und Frauen zu uns kommen, weil sie darunter leiden, daß sie sich immer in mütterliche Frauen, bzw. väterliche Männer verlieben und damit stets Fehlwahlen eingehen. Diese Menschen zeigen ein Fehlverhalten, das aus unbewußten Motiven her zu verstehen ist.

Wir wurden zu einer 35jährigen Frau konsiliarisch gerufen, nachdem sie das 18. Mal wegen verschiedener körperlicher Leiden hospitalisiert worden war und nun erklärt hatte, nicht mehr auf die Beine stehen zu können. Es drohe ihr daher umzufallen. Sie wirkte infantil, lag mit geschlossenen Augen im Bett, erklärte, nicht essen zu können. Ihr Vater war Ingenieur und war an einer Lungentuberkulose erkrankt, als sie sieben Jahre alt war. Er blieb zur Kur weg, bis zu seinem Tode, sieben Jahre später. Die Mutter, selbst kränklich, ging servieren und schneiderte nebenher. Sie hatte praktisch keine Zeit für die Patientin und deren Bruder. Die Familie mußte schmal durch. Schon als Kind soll die Kranke sehr anfällig und unterernährt gewesen sein. Primar- und Sekundarschule habe sie indes gut absolviert. Nach Schulaustritt war sie als Hausangestellte, später als Hilfsarbeiterin tätig. Mit 17 Jahren durchlief sie eine Phase, in der sie übermäßig Essen zu sich nahm. Ihr Hungergefühl sei trotzdem nie weggegangen. Etwa 20jährig erfüllte sich ihr ein alter Wunschtraum: Sie konnte an verschiedenen Variétés, Schaubühnen, Arenen und Zirkussen als Artistin mitarbeiten. Anfänglich trat sie als Tänzerin auf, später brachte sie es bis auf das Trapez. In dieser Zeit hatte sie verschiedene enttäuschende Männerbekanntschaften. In ihrem 19. Lebensjahr lernte sie ihren zukünftigen Mann kennen. Er arbeitete damals im gleichen Zirkusunternehmen wie sie. Die beiden traten in der Folge aus dem Zirkus aus, und der Mann mußte sein Leben als Hilfsarbeiter verdienen. Sie verwickelten sich zunehmend in Spannungen, und es kam, als die Patientin 22jährig war, zur gerichtlichen Trennung und ein Jahr später zur Scheidung. Die Patientin fand alsdann eine Stelle als Serviererin. Außerhalb der Arbeitszeit lebte sie aber sehr einsam. Es kam zu flüchtigen Männerbekanntschaften, die sie als unbefriedigend empfand. Sie erlebte sich als sehr stark gebunden an ihre Mutter, die in einer anderen Stadt lebte.

In der Spitalabteilung verhielt sich die Kranke kindlich-demonstrativ, und sie zog sich durch dieses Gebaren die Ablehnung des Pflegepersonals zu. Ein Jahr später kam sie ein weiteres Mal in ein Spital, dieses Mal in eine Frauenklinik. Sie zeigte die gleichen Lähmungssymptome der Beine. Die Kranke fühlte sich nur wohl, wenn sie allgemeine Beachtung fand. Die Krankheitsphänomene erwiesen sich jeweils als passager. In ihrem 38. Lebensjahr trat sie ein erstes Mal in eine psychiatrische Klinik ein. Es wurde dort die Diagnose einer «hysterischen Neurose» (Konversionshysterie) gestellt, nachdem sie erneut eine Parese beider Beine, nun aber auch des rechten Armes sowie eine Harn- und Stuhlinkontinenz aufgewiesen hatte. Die Diagnose einer «Subquerschnittslähmung mit Verdacht auf Multiple Sklerose» konnte angesichts der verschiedenartigen neurologischen Symptome, die nicht unter einen Hut gebracht werden konnten, nicht aufrecht erhalten bleiben. Es wurde deshalb sofort wieder an konversionshysterische Phänomene gedacht. Plötzlich, über Nacht, verschwanden diese Symptome. Sie konnte dann umhergehen und den rechten Arm bewegen, doch verfiel sie bald in einen Dämmerzustand. Im Verlauf der Jahre wechselte das Zustandsbild immer wieder. Sie befand sich insgesamt zehnmal in dem erwähnten psychiatrischen Spital und trat dann in eine Tagesklinik ein. Die Kranke, die sich offenbar als Kind dem Vater sehr verbunden gefühlt und ihn in einer Zeit verloren hatte, die insbesondere für ihre Beziehung zum anderen Geschlecht wesentlich war, blieb zeitlebens auf der Suche nach väterlicher Zuwendung. Da sie bei ihrem Mann, den sie anfänglich sehr bewundert hatte, in der Folge ihre Wünsche nicht befriedigt erhielt, lehnte sie sich vermehrt an die Mutter an, der gegenüber sie ambivalente Gefühle hegte. Ihre hysterische Unmöglichkeit zu stehen und ihre mannigfaltigen anderweitigen hysterischen Symptome zeigten ihre Hilflosigkeit an, ja auch ihren Wunsch, durch einen (väterlichen) Mann geführt zu werden. Sie war auf einer kindlichen Stufe der emotionalen Entwicklung, wohl bereits in den ersten Lebensjahren, sicher aber ödipal, d. h. etwa zwischen dem 3. und 5. Lebensjahr oder etwas später, nach Weggang des Vaters, in ihrem emotionalen Gleichgewicht gestört worden, und ist daher auf kindlichem Erleben fixiert geblieben. Sie kam durch ihr kindlich-demonstratives Gebaren und ihre psychogenen Lähmungen an eine Grenzsituation, bei der ihr drohte, nichts mehr vom Leben erfahren zu können, außer dem Spitalmilieu. Ihr kindlicher Wunsch, vor allem durch einen väterlichen Mann geliebt und geführt zu werden, erwies sich als unrealistisch, und sie versuchte daher unbewußt, mit Hilfe ihrer hysterischen Symptome, jene Aufmerksamkeit zu erlangen, die ihr sonst nicht zuteil wurde. Dabei verstrickte sie sich aber gänzlich in krankhaftes Verhalten, so daß ihr, die durch ihre Kindheit emotional geschädigt war, durch ihren perpetuierten Hilfeschrei, der sich bis zu den erwähnten Lähmungen erweiterte, drohte, das Leben zu verpassen. Sie hatte vielleicht auch konstitutionell nicht genügend Ich-Stärke, sich aus dieser infantilen Ohnmachtserfahrung und Hilfserwartung herauszuwinden und kam in jenen Grenzbereich des Lebens, in dem sich die Existenz nur noch im Schonklima eines Spitals abzuwickeln vermag.

Bei der hysterischen Fehlhaltung kann es also dazu kommen, daß die Betroffenen zeitlebens von ihrer Umgebung jene Zuwendung und Liebe erwarten, die sie in der Phase der Genitalentwicklung, zwischen dem 3. und 5. Lebensjahr, erstrebt, aber nie — oder übergebührlich — erfahren haben.

Wir kennen aber auch Menschen, die in ein hysterisches Verhaltensmuster hineingeraten, ohne daß sie eine solche konflikthafte Erfahrung in dem erwähnten Entwicklungsabschnitt mitgemacht hätten. Dabei sprechen wir jetzt nicht von jenen Menschen, die in einer äußerst belastungsvollen und gefährlichen Situation einmalig eine hysterische Reaktion durchmachen, sondern von jenen, die bei allen Lebensschwierigkeiten immer wieder in ein unbewußt-demonstratives Krankheitsgebaren hineingeraten. Diese Individuen neigen bei allen auftauchenden Spannungen dazu, repetitiv, diese hysterischen Mechanismen in Gang zu setzen.

Ich erinnere mich in diesem Zusammenhang an eine etwa 30jährige Patientin, die schon wiederholt wegen hysterischer Dämmerzustände in einer psychiatrischen Klinik hospitalisiert war. Sie stand erneut an deren Eingang und bat um Aufnahme. Es wurde ihr vom Aufnahmearzt entgegengehalten, daß sie sich ja offenbar wohl fühle und deshalb keine Veranlassung bestünde, sie auf eine Abteilung zu nehmen. Einige Minuten darauf erhielt der Arzt indes ein Telefon, aus dem er erfuhr, daß sie dennoch, und zwar von selbst, auf eine Abteilung gekommen und dort in einen Dämmerzustand verfallen war. Sie sei auf die Krankenschwestern losgestürzt und verhalte sich in ihrem dämmerigen Zustand aggressiv. Die Patientin hatte offenbar vor ihrem Auftauchen in der Klinik eine Lebensschwierigkeit und zog sich davor nicht nur in das Spital, sondern auch in die Umdämmerung zurück.

Bei solchen Individuen verhält es sich so, daß jegliche Lebensanforderung sie übermäßig belastet. Sie schrecken davor zurück, und haben sie einmal den Weg in das hysterische Symptom gefunden, so haben sie einen Lernprozeß durchgemacht, und sie sehen nicht mehr leicht davon ab. Diese Menschen kommen dann in eine Grenzsituation, weil sie durch ihre unbewußten Hilfsansprüche an die anderen Menschen vom Leben abgehalten werden.

Wenn im Mittelalter große Bevölkerungsteile in Veiztanzepidemien verfielen, so kann dahinter auch appellatives Hilfesuchen in der Verängstigung jener Zeit gesehen werden. Zwar könnten gewisse Brotvergiftungen mit Mutterkornalkaloiden mit dazu geführt haben, doch sind sicher viele dieser Veiztanzepidemien zumindest teilweise darauf zurückzuführen, daß die damaligen Menschen in ihren Ängsten appellativ einen höheren, göttlichen Zuspruch erhofften. Wenn die in archaischen Kulturen an Tänzen Beteiligten in hysterische Manifestationen hineingeraten können, so mag dahiner auch der unbewußte Wunsch stecken, durch die Götter erhört zu werden. Zwar sind hysterische Symptome, die zum Psychiater führen, seltener als früher geworden, doch verrät mancher moderne Tanz eine solche appellative Note. Leben solche massenhysterischen Verhaltensweisen wieder auf, weil sich der Mensch in der Gegenwart angesichts der Manipulationsgewalt des Computers und des Zerstörungspotentials der Atomspaltung mehr oder weniger unbewußt vor dem Untergang ängstigt? Vielleicht sind wir an einer Grenzsituation angelangt, an der wir es kaum mehr ertragen, daß wir gänzlich der elektronischen Datenverarbeitung ausgeliefert sind, und daß oft ein Mensch allein, im besten Falle mit mehreren anderen zusammen, darüber entscheiden kann oder muß, ob ein Atomkrieg ausgelöst wird oder nicht. Oder ist es die Angst davor, daß gar ein Fehlalarm ein atomares Verhängnis auslösen mag? Verrät der — hysterisch anmutende — Tanz Todesangst und die darin enthaltene Flucht ein Ausdrucksverhalten, das zum Ziele hätte, «Gott zu erbarmen»?

14. Die psychosomatische Grenzsituation

Gewissen Menschen ist es entweder aus konstitutionellen Gründen oder infolge ihrer Lebensgeschichte nicht möglich, ihre Gefühle als solche bewußt zu erkennen und sich mit früheren oder jetzigen emotionalen Mangelerfahrungen oder Konflikten auseinanderzusetzen. ALEXANDER MITSCHERLICH (1968) sprach bei diesen Individuen, die dazu neigen, ihre Gefühlskonflikte aus dem Erleben in den somatischen Bereich abzuwehren, von einer «zweiphasigen Verdrängung oder Abwehr» (zuerst ins Unbewußte, dann in körperliche Vollzüge). Es zeigt sich bei diesen Menschen eine ungenügende Fähigkeit, frei zu assoziieren und zu phantasieren. Auch verhalten sie sich wenig kommunikativ und meist unpersönlich im Kontakt. Die französischen Autoren MARTI, DE M'UZAN und DAVID (1963) haben diese Denkart, die sich hauptsächlich bei psychosomatisch Kranken findet, als «pensée opératoire», als ein automatenhaft-mechanistisches Denken bezeichnet. Diese Art des Denkens ist bei diesen Menschen verbunden mit einer grundlegenden Hemmung ihrer Phantasietätigkeit, mit einem Hängenbleiben am Konkreten und Aktuellen und einer Kommunikation aus Distanz. Die Abwehrmechanismen, die vom Ich ausgehen, sorgen dafür, daß in den zwischenmenschlichen Beziehungen nichts Bewegtes sich ereignet. SIFNEOS (1973) spricht im Zusammenhang mit diesen Menschen von einer «Alexithymie», das heißt von einer mangelnden Fähigkeit der psychosomatisch Kranken, die eigene Stimmung, die eigene Gefühlswelt, ihre eigenen Aggressionen und anderweitigen Triebhaftigkeiten als solche wahrzunehmen. FREYBERGER (1970) weist darauf hin, daß die psychosomatisch Kranken und insbesondere die Colitis-ulcerosa-Patienten sehr wenig Fähigkeit zur Introspektion und zu neuem, adäquatem emotionalem Verhalten haben. Es ist naheliegend, daß solche Menschen, die keine Beziehung zu ihrem eigenen Gefühlsbereich zu entwickeln vermögen, sich auch vor den Emotionen anderer ängstigen. Damit geht ihnen ein ganzes Stück des Weltvollzuges verloren. Dennoch wickeln sich in ihnen emotionale Prozesse ab, aber im tief abgewehrten Bereich des Körperlichen. Diese nicht wahrgenommenen Gefühle und Aggressionen können schließlich derart in die Körperfunktionen eingreifen, daß sie zu einer organischen Schädigung, einer psychosomatischen Krankheit, und im ernsteren Falle zu einer Grenzsituation führen, in der die Betroffenen zwischen Leben und Tod schweben.

Wir wurden zu einer 27jährigen Patientin in eine internistische Klinik gerufen und fanden dort eine kachektische, mittelgroße, nur noch 23 kg wiegende junge Frau vor. Sie hatte von einer psychiatrischen Klinik dorthin verlegt werden müssen. Ständig hatte sie noch mehr an Gewicht abgenommen, und keine Ernährung hatte bei ihr angeschlagen. Außerdem hatte sie einen schweren Urininfekt, der eine Behandlung notwendig machte. Die Patientin stand damals in Lebensgefahr, in einer Grenzsituation zwischen Leben und Tod.

Zur Familiengeschichte ist zu sagen, daß der Vater ein pensionierter Akademiker ist, der selbst eine schwernehmende, nachträgerische, hypochondrische Persönlichkeit ist und hohe Leistungsansprüche an die Tochter stellt. Seine Ressentiments gegenüber der Gesellschaft und seine Verbitterung gegen das Schicksal lasteten auf seiner Familie. Die Mutter, eine tüchtige und intelligente Hausfrau, wurde vom Vater wegen ihrer mangelnden Bildung nie akzeptiert. Die um fünf Jahre ältere Schwester der Patientin leidet unter einer angeborenen Stoffwechselerkrankung. Sie war lange auf die «gesunde» jüngere Schwester eifersüchtig. Die Patientin selber war von jeher zart, wenig durchsetzungsfähig, schüchtern, im Kindergarten still. In der Primarschule war sie übergewissenhaft. Später, in der Mittelschule, litt sie unter den schriftlichen Arbeiten und den damit verbundenen konstanten Versagensängsten. Sie empfand sich als langweilige Aussenseiterin. 13jährig, begann sie abzumagern, unter Durchfällen und gelegentlichem Fieber zu leiden. Angst und Ekel vor dem Erbrechen und den Durchfällen begannen sich einzustellen. Bei der ersten Hospitalisierung, mit 17 Jahren, wirkte sie sehr krank, extrem abgemagert, ängstlich, besonders vor den Mahlzeiten. Eine analytisch orientierte Psychotherapie führte nur zu einer temporären Besserung. Sie mußte mehrfach erneut hospitalisiert werden, teils in psychiatrischen Kliniken, teils in internistischen Spitälern. Beim letzten Spitalaufenthalt, als sie 33 Jahre alt war, hatte sie ein Eintrittsgewicht von 22,7 kg, eine schwere Hypoglykämie (35 mg%), schwere EKG-Veränderungen, so daß ein Vorderwandinfarkt nicht ausgeschlossen werden konnte, eine Hepatopathie mit Erhöhung der Leberenzyme. Die Patientin wehrte sich anfänglich gegen eine Behandlung, wollte sterben, willigte aber schließlich in eine intravenöse hyperkalorische Ernährung ein. Es kam zu einem Gewichtsanstieg auf 26,5 kg im Verlaufe von sechs Wochen. Ihre Stimmung hellte unter Neuroleptika und Antidepressiva langsam auf. Die Patientin wurde dann in eine Rekonvaleszentenklinik verlegt. Bei dieser Kranken lag, wie schon bei ihrem ersten Spitalaufenthalt mit 27 Jahren erkannt wurde, eine außerordentlich schwere Störung des Selbstgefühls vor. Sie identifizierte sich unbewußt übermäßig mit ihrem Vater, seinem negativen Weltbild und der Entwertung der Mutter der Patientin. Diese Herabsetzung der Mutter ging bei der Patientin — ohne daß es ihr im mindesten bewußt war — so weit, daß sie ebenso ihre eigene Weiblichkeit total ablehnte und dabei in Gefahr stand, so sehr auch die sekundären Geschlechtsmerkmale der Frau zu negieren, daß sie zusehends in eine Grenzsituation der schwersten körperlichen Abmagerung kam. Wie es für psychosomatisch Kranke typisch ist und wie erwähnt, waren ihr ihre Überidentifikation mit dem Vater und ihre grenzenlose Ablehnung der Mutter primär nicht klar. Doch auch durch die Psychotherapie gelang es nur vorübergehend, der Kranken zu Einsichten zu verhelfen. Obschon versucht wurde, auch mit den Eltern zusammenzuarbeiten, hat vor allem der Vater die Behandlung ständig unbewußt sabotiert, dabei auch die Kranke immer wieder vorzeitig aus den Spitälern herausgenommen. Die Grenzsituation, in der sie sich befand, spiegelte dementsprechend die familiäre Situation wider. Die Kranke wurde beinahe stellvertretend vom Vater «geopfert» für dessen Lebensschwierigkeiten. Die Grenzsituation zwischen Leben und Tod hatte sich bei der Kranken aber auch ergeben, weil sie nicht in der Lage war, eine Beziehung zu ihrer eigenen Gefühlswelt aufzunehmen. Umso mehr wirkten ihre Emotionen und Affekte im Untergrunde weiter, bis in ihre Körperlichkeit hinein, so daß ihr drohte, an den unbewältigten Gefühlen unterzugehen. Über die Prognose dieser Kranken wissen wir noch nichts. Sie bewegt sich ständig an der Grenze zwischen Leben und Tod und kann sich offensichtlich unbewußt nicht für die Übernahme der Rolle einer reifen Frau entscheiden. Noch immer ist sie identifikatorisch mit dem Vater verbunden, wobei sie aber in dieser Beziehung nur eine Kümmerexistenz führen kann und beinahe daran zugrunde geht.

Es zeigt sich also, wie das Beispiel erkennen läßt, in diesen psychosomatischen Grenzsituationen, daß den Betroffenen die Gefühle wenig bewußt sind, ihnen ihre Mangelerfahrungen und konflikthaften Erlebnisse der Kindheit, die sie nicht verarbeitet haben, weitgehend unbekannt bleiben. Dennoch oder gerade deshalb greifen die Emotionen und Affekte, die diese Menschen von ihrem Erleben abspalten, in die körperlichen Prozesse ein. Das Marterbild, das die angeführte Patientin dem Entgegenkommenden bot, drückte ihr emotionales Leiden, ihr Zukurzkommen, ihre mangelnde Lebensbejahung, ihr falsches Verknüpftsein in für sie ungünstige Fusionen und Identifikationen aus. Doch konnte sie selbst diese Gefühle nicht erkennen. Sie möchte sie vielleicht auch nicht wahrhaben. Es ist eindrücklich, wie man bei psychosomatisch Kranken immer wieder feststellen muß, daß das Bild, das sie bieten, Zeugnis von ihren inneren Schwierigkeiten ablegt, die betreffenden Individuen aber wenig davon wissen. Die körperlichen Störungen bei diesen Kranken haben allerdings nicht einen derart klaren Ausdrucksgehalt wie bei den Konversionshysterien, daß die Art der zugrunde liegenden emotionalen Störung direkt ablesbar wäre. Sie sind nur Indikatoren der an der Basis sich befindlichen und bis in die Gegenwart weiterwirkenden Beeinträchtigung frühkindlichen Erlebens, wobei allerdings auch bei den psychosomatischen Störungen gewisse Grundängste, wie z. B. jene vor der Übernahme einer Erwachsenenrolle oder jene vor dem Verlassenwerden und der Trennung bekannt sind. Sie sind jedoch nicht so spezifisch wie bei der Hysterie und können nicht einfach aus dem Krankheitsbild abgelesen werden.

Bei psychosomatisch Kranken bleiben die menschlichen Kontakte häufig oberflächlich. Ihre Kommunikationen sind nicht tiefgehend. Diese Menschen sind leicht kränkbar, verletzlich, nicht selten auch in ihrer Ich-Struktur wenig stark. Die psychosomatische Zerbrechlichkeit ist daher oft nicht nur Zeichen einer lebensgeschichtlichen Traumatisierung, sondern ebenso auch Symptom einer wohl konstitutionellen Schwäche des Ich. — HEINZ HARTMANN (1964) hat auf diesen konstitutionellen Anteil im Ich hingewiesen. — Offenbar ist es diesen Menschen aus einer prädispositionellen Schwäche heraus nicht wie anderen, robusteren Individuen möglich, die Welt so zu vollziehen, daß sie ihre Gefühle voll präsent haben können. Sie werden wohl von vorneherein durch Emotionen oder Affekte, die in ihnen durch Außenreize geweckt werden, überfordert. Die erwähnte Alexithymie (SIFNEOS, 1973) ist demnach Ausdruck einer starren Abwehr, die, bei der Zerbrechlichkeit des Ich der Betroffenen, als notwendig erlebt wird.

Man kann im bildnerischen Ausdruck solcher Menschen oft erkennen, wie brüchig ihr Ich ist. Die Zeichnungen und Malereien dieser Menschen, besonders von Colitis-ulcerosa-Kranken, zeigen eine Tendenz zum symbolhaften, oder aber zu repetitiv-zwangshaften und ornamentalen Darstellungen. Wie bei Psychosekranken versuchen die Betreffenden mit den regelmäßigen Darstellungen offenbar, ein inneres Chaos zu bannen. Sie leben schon deshalb beinahe ständig in einer Grenzsituation, weil sie immer mit der potentiellen Psychose konfrontiert sind. HEINRICH MENG (1934) sprach im Zusammenhang mit derartigen psychosomatischen Erkrankungen von «Organpsychosen».

Bei einer anderen Gruppe von Patienten mit psychosomatischen Störungen ist das Leiden Ausdruck einer konstitutionellen Neigung zur Depression (larvierte Depression). Die psychosomatische Betroffenheit legt in diesen Fällen Zeugnis von jenem Stoffwechselgeschehen ab, das bei den endogenen Depressionen vorliegt. Hierbei leiden die Patienten darunter, daß sie über längere Zeit oder phasisch in der Grenzsituation zur Depression hin existieren müssen.

Bei den vielen psychosomatisch Gestörten, bei denen eine neurotische Grundstörung zu finden ist, lastet, wie angeführt, der Umstand schwer, daß die emotionale Problematik sehr wenig als solche wahrgenommen wird. Es kommen auch bei dieser Art psychosomatisch Kranker konstitutionelle Momente hinzu, die es bedingen, daß diese Menschen während langer Abschnitte ihres Lebens immer wieder an der Schwelle zum psychosomatischen Kranksein stehen.

15. Die Grenzsituation der körperlichen Erkrankung

Körperliches Kranksein kann, wenn es als schwerwiegend erlebt wird, den Menschen in jene Grenzsituation bringen, in der ihm bewußt wird, daß er in Gefahr steht, das Leben zu verlieren. Bis zu einem gewissen Grade stellt jeder operative Eingriff ein solches Risiko dar, wenn auch, statistisch gesehen, die Todesgefahr meist klein ist. Für den einzelnen, der dabei sterben könnte, bleibt aber die Gefährdung subjektiv bestehen. In dem Menschen, der sich für eine Operation ins Spital begibt, der eine Narkose durchmachen muß, wird deshalb oft das Bedürfnis wach, seine innerpsychische Situation, seine Beziehungen zu seiner Familie und seinen übrigen Mitmenschen sowie die materiellen Angelegenheiten so zu regeln, daß er sterben könnte, ohne allzu großen selbstverschuldeten Schaden zurückzulassen. Umso mehr erleben sich Menschen, die von schwerwiegenden körperlichen Leiden ergriffen sind, in einer Grenzsituation.

HAENEL und NAGEL (1975) haben über das psychische Verhalten von Tumorkranken mit Agranulozytose unter isolierten Bedingungen berichtet. Die Patienten, welche unter einer schwerwiegenden Reduktion (Leukopenie) oder einem totalen Mangel der Leukozyten (Agranulozytose) leiden, werden im Basler Kantonsspital in eine Isoliereinheit, «Life-Island Mark 12», gebracht, eine rechteckige Kabine, welche etwa die Fläche von etwa drei nebeneinandergestellten Betten bedeckt. Das Kopfende des Patientenbettes grenzt an eine solide Filterwand zum Einlaß keimfreier Luft. Dort befinden sich auch Telefon, Radio, Bettlampe und der Kopfhöreranschluß für den außerhalb des Zeltes stehenden Fernsehapparat. Die übrigen Wände bestehen aus Plastikmaterial, durch welches der Patient ohne optische und akustische Einschränkungen mit der Außenwelt in Verbindung treten kann. In den Seitenwänden finden sich

Armstulpen mit Handschuhen, welche die Pflege des Patienten und Hantierungen im Zeltinnern von außen ermöglichen. Der Patient hat wenig Bewegungsfreiheit. Er kann auf einen Stuhl neben dem Bett sitzen oder etwa acht Schritte gehen und damit seine Waschschüssel am unteren Bettende erreichen. Mangels genügender Ablegeflächen vermag der Kranke nur die notwendigsten persönlichen Gebrauchsgegenstände mit ins Zelt zu nehmen. Zwei Isoliereinheiten stehen in einem Raum von der Größe eines Sechs-Betten-Zimmers. Die beiden Isolierten können sich gegenseitig sehen, miteinander sprechen oder telefonieren.

Bei diesen Patienten kommt also, neben der Bedrohung durch das körperliche Leiden, die notwendige Isolierung hinzu, die dazu dienen soll, den Körper, der sich nicht mehr gegen Infektionserreger verteidigen kann, von Bakterien, Pilzen und Viren abzuschirmen. 31 dieser Kranken wurden nun durch diese Autoren untersucht. Nur bei 12 kam es zu keinen Reaktionen. 3 litten unter Klaustrophobie, 1 unter Angst, 8 unter Furcht vor Eingriffen und ärztlichen Handlungen, 4 unter Fluchtgedanken, 2 unter Berührungsdeprivation, 5 unter Bewegungsmangel, 3 unter aggressivem Verhalten. Das restlose Abgeschnittensein von der Umwelt und die ernsthafte Bedrohung des körperlichen Zustandes bedingen eine Grenzsituation, die die Betroffenen dementsprechend oft nicht ohne innere Probleme zu bewältigen vermögen.

In einer von MARIA P.G. LOCHER im Jahre 1977 vorgelegten Dissertation sind Tagebuchaufzeichnungen eines 76jährigen Mediziners, der an Leukämie litt, angeführt. Er schrieb über seine Erlebnisse im Life-Island. Es seien im folgenden nur einige seiner Ausführungen zitiert:

3.10.1973: «Meine Frau verabschiedete sich von uns, und schon ging es los mit Thoraxröntgen und Elektrokardiogramm. Mein Bett befand sich ante portas insulae vitae (Life-Island), und schnell durfte ich den Stab der zahlreichen Schwestern und Gehilfinnen kennen lernen. Alle bemühten sich, uns den Schritt ins Ungewisse leicht zu machen, und ich gewann großes Zutrauen! Selber fühlte ich mich praktisch gesund, und es kostete einige Mühe, sich klar zu werden, schwer krank zu sein.»

12.10.1973: «Ich erhielt am Nachmittag dann noch den Konsultativbesuch von den Dres. S., T. und M. (Hämatologie): Sie berichteten mir, daß die verschiedensten Systeme, Myelo-, Thrombo- und Erythrozytenwerte, tief seien, und es wurde von Transfusion gesprochen. Seit ich den Dauerkatheter in der Subclavia habe, schrecken mich aber diese Eingriffe nicht mehr. Trotzdem war ich am Abend etwas hysterisch in bezug auf das Funktionieren der derzeitigen Dauerinfusion (Traubenzucker, NaCl [Kochsalz] und Vitamine). Dr. N., der spät nach dem Ausflug noch kam, brachte das Tröpfeln gut in Schuß, und ich habe daraufhin sehr gut geschlafen! Herzlichen Dank, Dr. N.!»

«Mit diesem Tag erreiche ich offenbar den gewünschten Effekt der Therapie. Alle Systeme sind tief, und ich erhalte, nach vorausgehenden Blutentnahmen, eine sog. Frischbluttransfusion. Subjektiv fühlte ich mich den ganzen Tag wohl und bei guter Stimmung. H. (meine Frau) war lange bei mir, und wir unterhielten uns sehr gut. Sie ist vor allem sehr glücklich, von den behandelnden Ärzten, Dres. N. und H., über mich so gründlich, sachlich und offen orientiert zu werden.»

13.10.1973: «Draußen ruhen die Bauarbeiten, und die anwesenden Schwestern, durch den Samstagsbetrieb auf dem halben Bestand, haben ein enormes Arbeitsprogramm zu bewältigen. Hinzu kommt noch, daß Frl. Y. krank geworden ist. Der Tag wird überschattet durch die Tatsache, daß meine Leidensgefährtin, Frau S., plötzlich eine wesentliche Verschlimmerung ihres Zustandes bekommt, nachdem sie am Morgen noch ihr Bett selber gemacht hatte. Der Einsatz aller notwendigen Maßnahmen funktioniert vorbildlich. Mir selber ging es gut, abgesehen von einer starken Müdigkeit, die mich immer wieder einschlafen ließ. Wie immer waren die Besuche von H. erfrischend, und ich freue mich über alle Nachrichten, die bei ihr durch Begegnungen und Telefonate sich häufen.»

24. 10. 1973: «Am Vormittag ist großer Reinigungstag des Wassersystems der beiden Inseln. Mit aller Gründlichkeit werden die Tanks und die Leitungen gespült und desinfiziert. Erst gegen Mittag ist dann alles soweit, daß die Waschzeremonie stattfinden kann. Dr. H. macht bakterielle Hautkontrolle. Es soll untersucht werden, ob die Darmbesiedelung parallel mit derjenigen der Haut geht. Blutentnahme für die detaillierte Blutuntersuchung. Andeutungsweise wird mir mitgeteilt, mein Befund sei so befriedigend, daß ich vielleicht schon Ende Woche entlassen werden könne. Da ich mir keinerlei Termin gesetzt habe, nehme ich diese Andeutung zwar zur Kenntnis, warte aber die Untersuchung vom Freitag ab, welche erst die wirkliche Entscheidung bringen wird! Immerhin gilt es offenbar in absehbarer Zeit, Abschied von einem Lebensabschnitt zu nehmen, während welchem man sich mehr oder weniger bewußt in einer Randsituation befunden hat. Einmal habe ich mir nachts vorgestellt — wie wenn es eine Drittperson gewesen wäre —, wie ich zur Pathologie in dem bekannten Wägelein zur Sektion gefahren würde. Immerhin war das Gefühl sonderbar! Aber für einen Mediziner vom Fach irgendwie typisch. Es versteht sich übrigens von selbst, daß meine Frau und ich mit einer Sektion einverstanden gewesen wären! Selbstverständlich mache ich mir auch Gedanken darüber, ob bei der großen Aufwendigkeit der Behandlung im Life-Island es berechtigt ist, einen über 75jährigen überhaupt noch anzunehmen, namentlich wenn der Platz für einen jüngeren, noch mitten in der Tätigkeit stehenden Menschen gebraucht würde. Ich kann dazu nichts anderes sagen, als daß ich für die Wohltat dieser Behandlung allen Instanzen unendlich dankbar bin! Denn noch immer hänge ich am Leben. — Ich bin mir aber völlig bewußt, daß man als Patient noch bei guten Sinnen sein muß, andernfalls könnten die doch recht komplizierten Einrichtungen im Zelt zur Erhaltung bestmöglicher Sterilität nicht richtig ausgenützt werden.»

Obwohl dieser Patient anscheinend meist guter Dinge war,

hat er sich begreiflicherweise dennoch mit dem Tod beschäftigt. Der Kranke, der wenige Zeit darauf starb, bewältigte die Grenzsituation zwischen Leben und Tod im Life-Island größtenteils in emotionalem Gleichgewicht, wie es seinem Grundcharakter entsprach. Dennoch oder gerade deshalb setzte er sich aber mit der Todesnähe auseinander. Was JASPERS (1965) sagt, traf für diesen Patienten besonders zu: «Das nur vitale Bewußtsein kennt den Tod nicht. Erst das Wissen vom Tode macht ihn zur Wirklichkeit für uns. Dann ist er die Grenzsituation: Die mir liebsten Menschen und ich selber werden als Dasein aufhören. Die Antwort auf die Grenzsituation ist gefordert im Seinsbewußtsein meiner Existenz.»

Chronisch Kranke sind etwa jahrelang dieser Grenzsituation zwischen Leben und Tod ausgesetzt, und nicht immer bewältigen sie die damit verbundene emotionale Belastung. Gelegentlich zerreißen sie selbst die letzten Fäden, die sie mit dem Leben verbinden, da sie die dauernde Spannung dieser Grenzsituation nicht auszuhalten vermögen. Die Angst vor dem langsamen Zugehen auf den Tod veranlaßt sie — suizidal —, sich, z. B. über das Nicht-Mehr-Befolgen der Therapie, den Todesstoß zu geben.

Ein 60jähriger, dessen Vater eine Neigung zur übermäßigen Alkoholeinnahme hatte, war seit 40 Jahren mit einer gleichaltrigen Frau verheiratet. Der Ehe entsprossen zwei Söhne. Während Jahrzehnten war dieser Mann als tüchtiger Industriearbeiter tätig. Mit 59 Jahren mußte er wegen Ausfalls der Nieren beider Seiten nach Urosepsis und nachfolgenden Nephrektomien an die Dialyse. Zumindest teilweise war er noch arbeitsfähig. Im 61. Lebensjahr wurde er indes, anläßlich einer Erkrankung an Pneumonie, depressiv. Es stellte sich eine Herzinsuffizienz ein. Die Depression hellte trotz antidepressiver Medikation kaum auf. Der Patient war etwa ein halbes Jahr hospitalisiert. Er erklärte, vom Spital genug zu haben, keine Dialyse und auch keine Nierentransplantation mehr zu wollen. Eine veränderte antidepressiv-medikamentöse Therapie zeitigte dann einen Erfolg. Der Patient begann jedoch, an verschiedenen körperlichen Symptomen, wie z. B. Schwindelerscheinungen, zu leiden. Er fing auch an, Verwirrtheitszustände durchzumachen und phasenweise zeitlich und örtlich desorientiert zu sein. Die Behandlung mittels Psychopharmaka mußte abgesetzt werden. Die Verwirrtheitszustände verschwanden. Der Patient bat nun den Arzt inständig um Beendigung der Dialyse, bei vollem Bewußtsein, ohne diese Behandlung auf den Tod zuzugehen. Er freute sich über seine letzten Tage, besuchte den Zirkus sowie den zoologischen Garten und ließ sich seine Lieblingsmenüs servieren. Am Abend vor seinem friedlichen Ableben verfolgte er am Bildschirm voller Aufmerksamkeit und Vergnügen ein Fußballweltmeisterschaftsspiel.

Der erwähnte Patient hatte also beschlossen, von selbst die Grenzsituation zwischen Leben und Tod zu überschreiten und ruhig auf den Tod zuzugehen. Das permanente Leben im Schwebezustand hat ihn offensichtlich mehr belastet als die Gewißheit, ohne Therapie sterben zu müssen. Auch hatte er damit den Konflikt auf der Ebene von Abhängigkeit und Unabhängigkeit (GAUS, 1975) gelöst. Er konnte sich endlich frei fühlen von der Notwendigkeit, sich zwangsweise der Dialyse unterziehen zu müssen.

Es belastet viele dieser Menschen, sich nicht mehr autonom zu wissen, dauernd darauf angewiesen zu sein, die Hilfe der Dialyse in Anspruch nehmen zu müssen. Sie befinden sich in einer Grenzsituation, in der sie im Grunde allein entscheiden müssen, ob sie weiter leben und die Dauerdialyse auf sich nehmen wollen, oder ob sie den anderen Weg einschlagen möchten. Gelegentlich sind sie indes nicht frei bei ihrem Entscheid, trübt depressive Stimmung ihren Blick, so daß die Ärzte sich eventuell nicht auf das klare Urteil des Kranken verlassen und zuerst begleitend eine antidepressive Therapie einleiten müssen. In der Dialysestation des Basler Kantonsspitals besteht ein Team, das darüber diskutiert, wie dem Patienten am besten zu helfen sei. An diesem Gremium nehmen der Dialysespezialist, ein Nephrologe, eine Krankenschwester, eine Sozialarbeiterin und ein Psychiater teil. Es ist nicht immer leicht, zu einem dem Individuum gerecht werdenden Entschluß zu kommen. Immer muß auch die Frage erwogen werden, ob dem Patienten durch die Dialyse nicht noch mehr Leid zugefügt wird. Ebenso muß daran gedacht werden, daß der Patient zutiefst das Recht hat, selbst über seine Zukunft zu entscheiden, allerdings sofern er angesichts seines Leidens klar zu sehen vermag.

Auch anderweitig Schwerkranke, so z. B. Karzinompatienten, Leukämiekranke, Patienten mit Multipler Sklerose, kommen immer wieder an Grenzsituationen zwischen Leben und Tod. Es ist das Verdienst von Frau ELISABETH KÜBLER-ROSS (1973), uns das psychodynamische Verständnis dieser Menschen bedeutend näher gebracht zu haben. Die Autorin verstand es zu zeigen, wie nicht nur im Patienten, sondern auch im Behandelnden unbewußte Ängste vor dem schweren Leiden, dem Nicht-mehr-Dasein und Verleugnungstendenzen aufkommen. Wie Frau KÜBLER-ROSS (1973), HERZIG (1978) und andere Autoren feststellen, neigen die Patienten, die von schweren, lebensbedrohlichen Krankheiten betroffen sind, primär einmal dazu, ihr *schweres Kranksein zu leugnen*. Sie wollen das Karzinom oder die anderweitige Erkrankung vorerst nicht wahrhaben und verleugnen das Krankheitsgeschehen, auch wenn sie über die Natur des Leidens orientiert worden sind. Dabei wissen sie irgendwie unbewußt schon, daß sie schwer betroffen sind, doch sie blenden ihr Kranksein noch weitgehend aus ihrem Bewußtsein aus (BATTEGAY, 1972²). Der Arzt hat diesen Menschen immer wieder zu Gesprächen zur Verfügung zu stehen, da sie in ihrer ambivalenten Einstellung oft dringend Hilfe benötigen.

Eine 62jährige Ärztin, die ich seit Jahren wegen einer Spätdepression betreute, wurde durch plötzlich auftretende Schwindelanfälle aus ihrer Ruhe aufgescheucht. Sie begab sich zum Otorhinolaryngologen, doch wurde keine Ursache für ihren Drehschwindel gefunden. Bei einem Internisten wurden dann aber im Blut 100 000 Leukozyten pro Kubikmillimeter gefunden. Man hatte ihr mitgeteilt, daß auch das Knochenmarkspunktat nicht in Ordnung und die Milz vergrößert seien. Seit einigen Monaten wußte die Patienten, daß ihre ältere Tochter in einer äußerst schwierigen Ehe lebte und dann vom Mann verlassen wurde. Doch hatte es die Tochter abgelehnt, mit der Mutter über ihre Probleme zu sprechen und sich aggressiv ihr gegenüber verhalten. Die Kranke telefonierte mir, nachdem sie diese Nachricht betreffend ihre bösartige Krankheit erhalten hatte, und wollte unmittelbar darauf zu einem Gespräch zu mir kommen. Auf der einen Seite wollte sie mit mir über die Bedeutung dieser Lebensbedrohung sprechen, auf der anderen Seite aber wollte sie beruhigt werden. Sie führte selbst an, daß die Erkrankung wohl die Folge ihrer schweren emotionalen Belastung sei, die sie in der nahen Vergangenheit durchgemacht habe. Es schien ihr die Tragweite ihres Krankseins bewußt. Doch kam sie im Gespräch darüber immer wieder auf oberflächliche Themen zu sprechen, so daß sich keine Gelegenheit ergab, mit ihr eine tiefergehende Einsicht zu entwickeln. Die Patientin tönte an, wie sehr sie notwendig sei für ihren von ihr abhängigen Mann und für das Kind der Tochter, und sie wolle deshalb nicht aufgeben. Deshalb fahre sie auch weiter fort, aushilfsweise in Spitälern in ihrem Beruf zu arbeiten. Sie wurde in ihrer die Krankheit emotional abwehrenden Art unterstützt durch ihren Mann. Er ist ebenfalls mein Patient, begann vor Jahren an einer essentiellen Hypertonie zu leiden, derentwegen er zu mir geschickt worden war. Sein Blutdruck hatte sich unter analytisch orientierter Psychotherapie und begleitender Behandlung mit Antihypertensiva gebessert, doch er war immer noch wenig in der Lage, Schwierigkeiten zu tragen. Während der Sprechstunde in unserer Poliklinik hatte er Tränen in den Augen, als die Rede auf die Krankheit der Gattin kam. Er konnte nicht eingehend über das Leiden seiner Frau sprechen und schien das Bösartige der Krankheit zu verdrängen. Die Frau wurde also durch ihren Mann in ihrer Abwehrtendenz unterstützt. Als sie einmal dem behandelnden Onkologen sagte, sie stehe in Behandlung eines Psychiaters, habe dieser Arzt kein Verständnis für sie gezeigt, gelacht und ihr gesagt, das sei sinnlos. Einmal habe sie vom Spital geträumt. Als sie im Traum gesagt habe, sie gehe zum Psychiater, habe man kein Vertrauen mehr zu ihr gehabt.

Es sind nun über zwei Jahre vergangen, seit sie die Nachricht betreffend ihre Leukämie erhalten hat. Sie steht seither unter wechselnden Dosen von Zytostatika. Äußerlich besehen, fühlt sie sich wohl. Sie geht mit ihrem Manne in die Ferien, übt immer noch aushilfsweise ihren Beruf aus, hütet zeitweilig ihr Großkind, doch unausgesprochen bedrückt sie — die als Medizinerin über die Auswirkungen einer Leukämie genau im Bilde ist — ihre Krankheit sichtlich immer dann, wenn die Leukozyten wieder ansteigen. Nur beim Psychiater kann sie etwas von ihren Ängsten preisgeben, doch hat sie bisher noch kaum zu zeigen vermocht, daß diese Grenzsituation in einer schwer bedrohten Existenz ihr Sorgen bereitet, sie ängstigt. Gelegentlich denkt sie aber auch, wie es wäre, wenn sie die Zytostatika wegließe. Ich bin ihr Begleiter geworden in dieser Verängstigung. Niemand sonst, weder der Gatte, noch die beiden Töchter, noch der Onkologe nehmen an diesem verborgenen Leid teil, alle stützen ihre Verleugnungstendenzen oder haben selbst Angst vor eigener Krankheitsanfälligkeit, so daß die Kranke vor ihnen die Unbeschwerte zu spielen müssen glaubt. Wie ELISABETH KÜBLER-ROSS (1973) gezeigt hat, bleiben diese Patienten aber nicht dauernd beim Verleugnen der Krankheit. Sie haben immer wieder einmal das Bedürfnis, über ihr Leiden realitätsgemäß zu sprechen. Deshalb ist es notwendig, daß wir Ärzte uns diesen Menschen stellen und sie entsprechend aufklären. Gelegentlich zeigt sich, daß sie voll im Bilde sind über ihre Krankheit, doch den Angehörigen gegenüber den Anschein wahren wollen, als ob sie nichts wüßten von der Art ihres Leidens. Sie wollen sie schonen. Diese Patienten befinden sich ständig in einer Grenzsituation nicht nur zwischen Leben und Tod, sondern auch zwischen Wahrheit und Unwahrheit, zwischen ihnen und ihren Mitmenschen. Obwohl oder gerade weil sie ihre angsterfüllten Nächsten mit ihrem Vorgeben, nichts über ihre Krankheit zu wissen, schonen möchten, kommt es zu einer Entfremdung zwischen ihnen und ihrer Familie. Beide Teile machen sich etwas vor und entfremden sich so gegenseitig. Gelegentlich möchte ein Patient nicht über sein Leiden sprechen, weil er sich sonst durch seine Umgebung abgeschrieben fühlt. Ein Schwerkranker sagte mir einmal, daß er sich regelmässig neue Hemden machen lasse, damit sein Kragen nicht vom Hals abstünde. Man könnte sonst merken, wie es um ihn stehe. Die Menschen seien Aasgeier und warteten nur, bis sie eine Schwäche des anderen entdeckten, um sich auf ihn zu stürzen. Der Kranke sei dann schon zu Lebzeiten abgeschrieben. Diese Auffassung des «homo homini lupus» (Der Mensch ist dem Menschen ein Wolf) beim Kranken bringt erst recht eine Entfremdung von der Umwelt mit sich.

Es entsteht auf die geschilderte Weise nicht nur eine Grenze zwischen den Kranken und ihrer Familie, ihren Mitmenschen, sondern ein Niemandsland. Wenn immer nur möglich, sollte ein solcher Zustand verhindert werden. Wir sind nicht der Ansicht, daß die Kranken um jeden Preis die Wahrheit erfahren sollen, doch ertragen sie in der Regel mehr als die Angehörigen und die Betroffenen selbst glauben. Ebenso reagiert die Umgebung meist menschlicher, als der Kranke etwa annimmt. Dabei ist es sicher ein würdigeres Eingehen auf den Tod, wenn der Patient in offenem, wahrhaftem Austausch mit seiner Umgebung bleibt.

Selbstverständlich werden die Patienten, auch wenn sie das Leiden vorerst nicht wahrhaben wollen, mit dessen Progredienz konfrontiert. Es erfolgt dann, wie Frau KÜBLER-ROSS gezeigt hat, ein Zustand, in dem *die Kranken vom Zorn* gepackt werden. In seinem Buch «Mars» hat FRITZ ZORN (1977) — der Name entspricht einem Pseudonym — beredtes Zeugnis davon abgelegt, wie sehr der Groll gegen die Krankheit und gegen seine Eltern ihn packte, nachdem er von seiner schweren Krankheit erfahren und zutiefst erlebt hatte, wie ungelebt sein Leben noch war. Wohl war er aber auch zornig, weil er damit noch mehr eine Grenze zwischen sich und den übrigen Menschen verspürte.

Die Patienten wehren sich gegen das Fatale ihres Geschickes und können etwa fragen, weshalb gerade sie von diesem schweren Los befallen seien. Sie fühlen sich gekränkt, und ihre Vorstellung, ewig in den sozialen Bezügen leben zu dürfen, wird erschüttert. In dieser Phase haben es die Familien und das Pflegepersonal sehr schwer, mit den Kranken in Kontakt zu stehen.

Der Patient wird etwa sagen, daß die Ärzte nichts taugen und ihn wegen Fehldiagnosen so weit gebracht hätten. Die pflegenden Schwestern können den Patienten nichts mehr recht machen. Auch die Familie hat es in dieser Phase sehr schwer. Die Kranken richten ihre Wut gegen ihre Angehörigen, wenn sie von ihnen besucht werden. Am Arzt ist es, sich auch in dieser Phase zu Gesprächen zu stellen, sich durch die Aggressionen des Patienten nicht beirren zu lassen. Es ist wichtig, daß der Kranke eine ärztliche Standfestigkeit erlebt. Er muß den Eindruck gewinnen, daß nichts den Arzt erschüttern kann, er «unzerstörbar» ist, und ebenso nichts die fürsorgliche Pflege, die sie durch die Schwestern erlangen, in Frage stellen kann. Es ist am behandelnden Arzt und am Pflegepersonal, die Grenze zwischen der Umwelt und den Patienten immer wieder teilnehmend zu überschreiten.

In einer dritten Phase versucht der Patient zu feilschen, zu verhandeln, und er hofft, Gelegenheit zu erhalten, noch mindestens eine gewisse Zeit leben zu dürfen. Diese Menschen denken an unerfüllte Aufgaben, an ihre Lebenspartner, an minderjährige Kinder, an beruflich Unerfülltes, an religiöse Bedürfnisse, die bisher noch ungestillt geblieben sind. Sie möchten z. B. wenigstens noch an der Hochzeit eines ihrer Kinder teilnehmen, das oder jenes noch erleben, bevor sie sterben. Der Arzt sollte zur Erfüllung dieser Wünsche magische Machtmittel besitzen, und es ist wichtig, daß er sich diesen Patienten in dieser Phase stellt. Auf der einen Seite wird er sie nicht enttäuschen wollen, auf der anderen Seite aber wird er mit den Patienten offene Gespräche führen müssen. Vor allem wird er den Betroffenen zu zeigen haben, daß er für sie da und auch bereit ist, sofern der Kranke es wünscht, mit seinen Angehörigen zu sprechen und ihnen beizustehen. Auch damit kann er mithelfen, die Grenzen zwischen dem Patienten und seinen Angehörigen abzubauen.

Vermag der Schwerkranke sein Leiden nicht mehr auszublenden, wenn neue Komplikationen auftreten, neue Operationen und damit ein neuer Spitalaufenthalt notwendig werden, kann in der Regel auch jener Kranke, der vorher mit allen ihm zur Verfügung stehenden Kräften sein Leiden verleugnete, die Wahrheit nicht mehr abwehren. Die Patienten erkennen, daß sie das Wohlbefinden verloren, die Funktion eines Organs oder Organsystems mehr oder weniger vollkommen eingebüßt haben. Ihr Äußeres hat sich verändert. Der finanzielle Aufwand für ihren (erneuten) Spitalaufenthalt ist, eventuell trotz Mitgliedschaft bei einer Krankenversicherung, zu einer Belastung geworden. An eine Arbeitsaufnahme ist nicht mehr zu denken. Selbst wenn eine Pensionierung möglich ist, fühlt sich der dermaßen aus dem Arbeitsprozeß Ausgeklammerte oft nutzlos. Das Gefühl, jenseits der Grenze der Möglichkeiten zu sein, beginnt auf dem Patienten zu lasten. Schuldgefühle kommen ihm, wenn er erkennt, daß sein Lebenspartner und die Kinder unter seinem Siechtum leiden und sich damit ein Graben zwischen ihm und den Seinen auftut. Als Grund zu alledem wirkt die nicht mehr zu verleugnende Tatsache, daß das Ende des Daseins immanent ist. Die Grenze vom Gesunden ins Kranke ist endgültig überschritten, und der Patient erlebt zutiefst, daß er an der Grenze vom Leben zum Tod steht. Vielleicht möchte er noch einmal buchführen über das, was er in gesunden Tagen vollbracht, aber auch über das, was er nicht zustande gebracht hat. Hoffnungen, die er bisher gehegt hatte, brechen zusammen. Es kommt zur *resignativen Depression*, und zwar, wie Elisabeth Kübler-Ross zeigt, auf zwei Arten, erstens als Reaktion auf den eingetretenen Verlust von Organfunktionen und Lebensfreuden und zweitens als Folge des Erkennens, daß der endgültige Verlust des Anteils am Leben droht.

In dieser Zeit können wir nicht einfach dem Patienten sagen, daß er nicht so sehr traurigen Gedanken nachgehen solle. Der Kranke würde zurecht vermuten, daß wir selbst es sind, die seine Depressivität nicht ertragen. Wir müssen es als Ärzte auf uns nehmen, daß der Patient von seinen traurigen Gedanken berichtet. Er muß das Recht haben zu trauern. Der Kranke ist im Begriff, alle Beziehungen zu verlieren, alle Objekte und Tätigkeiten, die er geliebt hat. Er ist an eine Grenze gelangt, jenseits derer er gewärtigen muß, seine Angehörigen zurückzulassen in der Lebenswelt, während er bald eingehen wird durch das Tor des Todes. Niemand, der noch vollen Anteil hat am Leben, kann mit ihm dieses Erleben voll teilen. Doch können Umgebende, vor allem die nahen Angehörigen und der Arzt, ihm durch ihre mitmenschliche Präsenz zei-

120

gen, daß sie ihn in dieser Grenzsituation nach bestem Vermögen stützen.

Wir müssen dem Patienten Gelegenheit geben, seinen Schmerz auszudrücken. In diesem Stadium der Depression werden wir mit und bei ihm bleiben wollen, ohne dauernd zu wiederholen, daß er nicht traurig sein solle. Dabei müssen wir uns bewußt sein, daß sich jeder Mensch in diesem schweren Leiden, im Zugehen auf den Tod, bis zu einem gewissen Grade allein fühlen muß, denn letztlich kann niemand mit ihm voll und ganz diesen letzten Weg gehen. In einem harten, volkstümlichen Sprichwort heißt es dementsprechend: «Jeder stirbt für sich allein». Die Schwestern und Ärzte haben in der Regel volles Leben in sich, während diese Schwerkranken im Begriffe sind, auf den Zustand der Leblosigkeit, der sie ängstigt, zuzugehen. Die solchermaßen Bedrückten sind oft nicht in der Lage, Worte zu wählen, um sich der Umgebung mitzuteilen. Auch kommt es nicht auf das verbale Verhalten des Arztes, der Krankenschwester allein an. Manchmal ist es besser, stillschweigend beim Kranken zu sitzen und mit einem mimischen Ausdruck oder, wie KÜBLER-ROSS sagt, mit einer Geste zu versichern, daß man den tiefen Schmerz des Patienten kennt und mit ihm, so gut es geht, zu teilen wünscht. Manche Patienten versuchen, eine Verbindung zu ewigen Werten zu knüpfen und mit Hilfe eines Gebetes an das Transzendentale Anschluß zu finden.

Auch in diesem Stadium ist es wichtig, daß wir Ärzte uns nicht nur um den Patienten, sondern, wenn der Kranke es uns gestattet, um seine Angehörigen kümmern. Oft ertragen es die Ehegatten, die Eltern oder Kinder solcher Menschen nicht, daß die Kranken bedrückt sind und den Kopf hängen lassen. Wir müssen den Verwandten und Zugehörigen klar machen, daß diese Depression verständlich ist, wenn man bedenkt, daß dieser Mensch mit der Tatsache konfrontiert ist, bald Abschied von allem, was ihm lieb ist, nehmen zu müssen. Trauer und Verzweiflung sind zwar schwer erträglich, doch bleiben sie in diesen Momenten nur wenigen erspart. Gelingt es der Familie, den Prozeß der Trauerarbeit mitzuvollziehen, wird sie des Kranken Leid mildern helfen. Er wird sich angenommen fühlen, in und mit seiner Trauer, nicht den Eindruck gewinnen, daß er nur in guten und freudigen Tagen akzeptiert war. Zum menschlichen Leben gehört in ganz entscheidendem Maß auch die Depression. Nur dann wird ein auf den Tod Kranker den Eindruck zumindest einer gewissen Gemeinsamkeit gewinnen, wenn die Angehörigen seine Trauer akzeptieren. Besonders wir Ärzte dürfen nicht in einen Abwehroptimismus hineingeraten, unsere Aufgabe als Begleiter in dieser Grenzsituation zwischen Leben und Tod nicht fliehen. Es ist jene Zeit, in der Patienten mit dem Arzt tiefste Wahrheiten austauschen können. Es ist aber auch jener Abschnitt, während dessen die Familie, wird sie durch den Arzt entsprechend orientiert, zum Patienten finden kann. Ist der Kranke über die Art seines Leidens orientiert — doch nicht alle Menschen ertragen die harte Wahrheit der Todesgefährdung —, vermag eine offenere Beziehung zu seinem Ehepartner, zu seinen Kindern, zu seinen Eltern entstehen, als wenn bis zum Schluß Fiktionen aufrecht erhalten werden müssen.

In einem weiteren Abschnitt, wenn der Kranke diese Zeit noch erlebt und er seine Gefühle mit seinem Arzt und seinen Familienmitgliedern aussprechen kann, hadert er meist nicht mehr mit dem «Schicksal». Er hat es angenommen, in dieser Grenzsituation zu stehen, ohne einen Ausweg suchen zu wollen. Niedergeschlagenheit und Zorn weichen von ihm. Er fühlt sich müde, schwach und hat das Bedürfnis, in kurzen Intervallen zu dösen oder zu schlafen. Es besteht der Wunsch, die Zeit des Schlafes möge ausgedehnt werden.

Wie Frau KÜBLER-ROSS anführt, benötigt in dieser *Periode der Annahme* durch den Patienten die Familie meist mehr Hilfe als der Kranke. Er hat in diesem Grenzbereich einen gewissen Grad von Einverständnis in das Unabdingliche erreicht. Sein Gesichtsfeld verengt sich immer mehr. Er möchte seine Ruhe haben, nicht mehr durch Nachrichten und Probleme aufgestört werden. Die Verbindung mit dem Patienten beschränkt sich in dieser Grenzsituation mehr auf Averbales, indem er beispielsweise die Hand der betreuenden Schwester oder des Arztes hält und schweigend bittet, bei ihm zu sitzen. Das Bedürfnis, das einst nach der Geburt, in der Grenzsituation des Eintritts in die Welt eine überragende Rolle spielte, der Wunsch nach Wärme und Geborgenheit, beginnt nun auch diesen

Grenzbereich zwischen Leben und Tod zu beherrschen. Der Patient möchte, daß wir ihm durch Berührung zu verstehen geben: Wir sind bei ihm, auch wenn er nicht spricht. In dieser Phase soll der Arzt Zeit für seine Patienten haben und zu ihnen gehen, wenn es zeitlich besonders günstig ist, z. B. nachdem der Hauptbetrieb auf der Krankenabteilung abgeflaut ist bzw. nach der Sprechstunde. Wir haben in dieser Phase schon Menschen erlebt, die ergeben ihren Tod annahmen und nur noch warteten, sich von ihren Kindern verabschieden zu können, und nachdem sie dann eingetroffen waren, in das terminale Koma versanken. Doch nicht alle kommen in die Phase der Zustimmung. Gewisse Patienten kämpfen bis zum Schluß, und je mehr sie sich kraftlos fühlen, desto mehr hadern sie mit ihrem Los. Es ist besonders schwer, solchen Patienten beizustehen. Viele aber wollen so lange wie möglich ihre Unabhängigkeit und Würde bewahren und sind etwa böse mit dem Schicksal, wenn es ihnen nicht möglich ist, bis zuletzt ihre Haltung zu bewahren. Die betreuenden Krankenschwestern und Ärzte werden hellhörig und hellsichtig sein müssen und allfällige Aggressionen solcher Patienten als Kommunikationswünsche aufzufassen haben. Diese Kranken haben nur noch die Möglichkeit, mittels ihrer Verbitterung den Personen, die ihnen entgegenkommen, zu begegnen. Sie hoffen im Grunde aber, daß der Arzt und das Pflegepersonal standfest sind, so daß sie sich, unbeirrt durch die verbalen Angriffe, dem Patienten zur Verfügung stellen. Diese Kranken erleben es zutiefst, daß noch manches in ihnen ungelebt ist und sie von dieser Welt abtreten, die Grenze zum Tod überschreiten müssen, ohne auch nur annähernd alle ihre Lebensmöglichkeiten verwirklicht zu haben. Oft sind es Individuen die in ihrer Beziehungsfähigkeit schon vor Krankheitsausbruch beeinträchtigt waren und versucht hatten, durch Aktivität ihren Kommunikationsmangel zu überbrücken. Im Leiden kommt immer die Persönlichkeit hervor, wie sie eigentlich ist. Das Unechte, das Spielerische, das Verlogene gehen verloren, und es tritt die Wahrheit, so vor allem das mangelnd Befriedigte, zutage.

Da es heute bei Herzstillstand im Verlaufe einer Operation gelingt, die Betroffenen zu reanimieren, haben wir Mediziner es immer mit einer gewissen Zahl von Menschen zu tun, die im

Grunde schon den «Herztod» erlitten, von diesem Aspekt aber wieder eine «Auferstehung» erfahren haben. Obschon wir heute wissen, daß dem Gehirn die zentrale lebenssteuernde Funktion zukommt, also auch die zentrale Regulation der Herztätigkeit, stellt das Herz in unserem Symbolverständnis noch immer, wie seit eh und je, ein Organ dar, das mit unseren Gefühlen eng verbunden ist. Ganz abgesehen davon, daß die Menschen, die einen Herzstillstand durchgemacht haben, im kognitiven Bereich und in bezug auf ihre Gedächtnisleistungen meist geschädigt sind, kommt hinzu, daß diejenigen, die die Grenze zum Tod hin, zumindest gefühlsmäßig, überschritten haben und wieder zurück ins Leben gekommen sind, oft das Gefühl haben, in ein unbekanntes Reich vorgestoßen zu sein, in das sie, wegen ihrer gefährdeten Gesundheit jederzeit wieder zurückgestoßen werden könnten. Sie sind zwar um eine Erfahrung reicher, können sie aber nur mit wenigen teilen, so daß sie an die Grenze des Verständnisses bei anderen stoßen. Es kann deshalb bei ihnen zu einem Vereinsamungsgefühl kommen.

Im Kindesalter ist, wie DIETER BÜRGIN (1978) beschreibt, das Todeskonzept vom Lebensalter, von der Reifung und von dem Stand der Entwicklung abhängig. Die spezifische Entwicklung des Einzelnen, das Erleben des Todes von Nahestehenden, das intrafamiliäre Beziehungsmuster und die Art der eigenen Krankheit schaffen eine große Variabilität, so daß eine Generalisierung in bezug auf die Entwicklung der Todesauffassung nur begrenzt möglich ist.

Wie BÜRGIN anführt, ist die bewußte und unbewußte Bedeutung der Begriffe «Leben» und «Tod» nicht angeboren. Das Kind erweitert bei seinen Interaktionen mit der Umgebung allmählich seine Vorstellung davon. Es kann sich aber manche Jahre die Endgültigkeit des Todes, das Leben an der Schwelle zum Tod bei schwerer Erkrankung nicht richtig vorstellen, bzw. eine echte Vorstellung nicht aushalten. Dennoch ist der Tod im kindlichen Denken, Fühlen und Träumen nicht selten anzutreffen. Das selbstzentrierte, magische Denken des Kleinkindes läßt in seinem Erleben den Tod zu einem reversiblen Vorgang werden. Es kann sich das Kind so in seiner Phantasie vor grausamem Verlust schützen. Im reifenden Ich wird aber die Fähigkeit zur Konzeptualisierung, zur erkennenden Erfahrung größer. Das Kind wird in unserem Kulturbereich bereits zwischen dem 5. und 9. Lebensjahr den Tod bewußt wahrnehmen können. Die Endgültigkeit des Todes wird dabei angenommen, aber, wie BÜRGIN betont, oft als ein Prozess gesehen, der außerhalb von einem selbst liegt und nicht generalisiert ist, dem man sich entziehen kann. Nach dem 9. Lebensjahr beginnt das Kind den Tod als Prozeß anzusehen, der nach einer gewissen Gesetzmäßigkeit alle Menschen treffen kann und das Ende der körperlichen Präsenz darstellt. Das Unwiderrufliche, das Überschreiten der Grenze zwischen Leben und Tod ist dem aufkeimenden Menschen oft noch ein beinahe unerklärliches Wissen, wenn es um dem Tod eines nahen Angehörigen oder eine eigene schwere Krankheit geht. Dennoch wird der Pubertierende oft von polar gegensätzlichen Phantasien ergriffen über Tod und Wiedergeburt oder Wiedervereinigung mit Angehörigen, über Sterben und Unsterblichkeit, Bestrafung und Rettung. Diese gegensätzlichen Phantasien sind unbewußte Lösungsversuche, die wir bei Heranwachsenden treffen. Der Mensch mit seinem «Lebenstrieb» kann sich ganz allgemein oft nicht vorstellen, einmal nicht mehr da zu sein. Er projiziert auf die Zeit nach seinem Ableben seit Alters her die Wiederauferstehung. Die Religionen versprechen dem Menschen ein Jenseits oder ein Nirwana, in dem sich, zumindest für die Guten, die Konflikte auflösen und ein Friede einkehrt, der in den sozialen Bezügen immer nur Sehnsucht bleibt. Bei den über 9jährigen Kindern, die um ihre krankheitsbedingte Todesnähe wissen, besteht immer eine tiefe Angst und ein latentes Wissen um diese Grenzsituation. Wie BÜRGIN zeigt, neigen die so Bedrohten zu einer vorzeitigen kognitiven und emotionalen Entwicklung, und sie verstehen es, mittels Verleugnung, Anpassung an die Umgebung sowie Regression, ihre Lebens- und Todesangst abzuwehren. Beinahe immer braucht das Kind aber mitmenschliche Hilfe von den Eltern, dem Pflegepersonal und den Ärzten. Bei langen Prozessen des Leidens kann die Angst oft kaum mehr bewältigt werden. Dann haben es diese Kinder besonders nötig, daß die nahen Angehörigen und das Pflege- und Behandlungsteam sie nicht allein lassen, sondern sie in naher Mitmenschlichkeit tragen. Eigene Ängste der Betreuer werden mobilisiert, und es ist wesentlich, daß sie sich deren bewußt

werden, da sonst die Betreuung des kranken Kindes leidet. Wie
BÜRGIN sehr zu recht feststellt, trägt der therapeutische Kontakt mit jungen Menschen in derartigen Grenzsituationen aber
auch viel zur eigenen psychischen Entwicklung bei. Wer einen
Dienst an einem schwer kranken Menschen versieht, wird über
sich selbst hinauswachsen.

16. Die Grenzsituation der Invalidität

Die körperlich, in ihrem Erleben oder in ihren kognitiv-intellektuellen Vollzügen Behinderten fühlen sich in unserer Gesellschaft oft in einer marginalen Situation, obschon ihnen in der Schweiz, seit Einführung der Eidgenössischen Invalidenversicherung, und in anderen Ländern mit ähnlichen Versicherungsträgern geholfen wird, materiell eine mehr oder weniger gesicherte Existenz zu führen. Dennoch kommt es bei Invaliden, die nicht (mehr) voll und ganz Anteil haben können an den Betätigungen der sie Umgebenden, nicht selten zu einem Benachteiligungserleben. Zwar haben Selbsthilfeorganisationen auch bei diesen Menschen geholfen, das Selbstverständnis und das Vertrauen in das eigene Selbst zu stärken. Doch fühlt sich naturgemäß ein Mensch immer bis zu einem gewissen Grade aus einer Gruppe ausgeschlossen, wenn er nicht alle Regeln, Verhaltensweisen und Handlungen des Kollektivs mitvollziehen kann. Die Invaliden befinden sich bis zu einem gewissen Grade in einem Zustand, in dem sie zumindest sich selbst als «Regelverletzer» vorkommen. Sie befinden sich, nach einem Begriff von DURKHEIM (1893) und MERTON (1957), in einem Zustand der Anomie (Regellosigkeit). Es hat sich seit einigen Jahren, d. h. seit medizinisch viel getan werden kann, um den Invaliden Erleichterung zu verschaffen, allmählich eine veränderte Haltung ihnen gegenüber eingestellt. So wird überall danach getrachtet, diese Menschen in die Gesellschaft mit hineinzunehmen. Doch verhält sich der sogenannte Normalmensch noch immer oft recht gedankenlos den Invaliden gegenüber, und es werden die Wohnungen und Häuser oft noch so gebaut, daß die Invaliden nicht darin zu wohnen vermögen.

Bei den vielen aus psychiatrischen Gründen Invaliden, aber auch bei den nach Unfall an beiden oder an allen vier Extremitäten Gelähmten (Para- und Tetraplegikern) sehen wir, daß sie immer wieder darüber klagen, nicht die gleichen Chancen und Möglichkeiten wie die anderen zu haben, bzw. wenn sie jung sind, nicht heiraten zu können, weil niemand mit einem solchen Menschen verbunden sein wolle. Zwar stimmt diese Aussage nicht allgemein, denn diese Menschen finden immer wieder liebende Partner, die gerne das Leben mit ihnen teilen. Doch haben sie naturgemäß mehr Schwierigkeiten als Unauffällige, für das Leben eine Partnerschaft zu finden. Dennoch oder gerade deshalb sind sie besonders auf Liebe und Zuwendung angewiesen.

STEFAN ZWEIG (1939) schreibt in seinem Buch «Ungeduld des Herzens» von einem 25jährigen Berufsoffizier bei der Kavallerie in einem abgelegenen Dorf der kaiserlichköniglichen Monarchie Österreich-Ungarn von 1914. Er wurde zu einem Fest in einem Schloß eingeladen. Der junge Offizier entsinnt sich plötzlich, daß er die Tochter des Hauses noch nicht zum Tanz aufgefordert hat. Sogleich holt er das bisher Versäumte nach. Die 17jährige Tochter reagiert bei der Aufforderung zum Tanz mit einem Schreikrampf. Nachdem er erfahren hatte, daß sie seit Jahren an ihren Beinen gelähmt sei, verließ er vorzeitig das Schloß. Darauf entschuldigte sich der junge Offizier bei ihr und schickte ihr Blumen. Eine zeitlang kommt er regelmäßig ins Schloß, um sie (Edith) zu besuchen. Der junge Offizier fühlt sich angesichts unmotivierter Wutausbrüche und des realitätsfremden Glaubens Ediths an eine Heilung überfordert. Sobald er versucht, die Besuche im Schloß etwas einzuschränken, wird er vom väterlichen Schloßherrn gebeten, sie fortzusetzen. Der Vater, ein reicher, aber gebrechlicher älterer Mann, vor kurzem verwitwet, hängt mit jeder Faser seines Lebens an seiner invaliden Tochter. Er bittet den jungen Offizier unter Tränen, den Hausarzt in bezug auf die Prognose von Edith's Leiden auszuhorchen. Der Arzt berichtet über das Vorleben des Schlossherrn, dessen verstorbene Frau und die kranke Edith. Ihr Leiden könne mit der Zeit sich bessern, doch mache er sich keine Illusionen in bezug auf eine vollständige Genesung. Spät nachts will sich der junge Offizier wieder zur Kaserne begeben. In dunkler Nacht taucht vor deren Eingang, bei strömendem Regen, plötzlich die Gestalt von Ediths Vater auf. Er fordert Bescheid über das soeben stattgefundene Gespräch. Auf das Drängen des Vaters läßt sich der junge Leutnant zu einer fatalen Übertreibung hinreißen: Der Arzt habe sich von einer neuen Kur Heilung versprochen. Diese Aussage hat ungeahnte Folgen. Der Vater von Edith und sie selbst reagieren enthusiastisch und sind überzeugt, daß sie bald bar jeder Hilfe und jeglicher Krücken herumgehen und ein normales Leben führen können werde. Der junge Offizier wird in diese sinnlose Zukunftshoffnung hineingerissen. Der Hausarzt erfährt vom ungerechtfertigten Optimismus und weist den jungen Offizier zurecht. Zu spät bemerkt der junge Mann, daß sich Edith in ihn verliebt hat. In dieser enthusiastischen Stimmung wird die Verlobung zwischen Edith und dem Leutnant gefeiert, allerdings mit der Auflage, daß die Heirat erst nach deren vollständigen Genesung gefeiert würde. Die Kunde von der Verlobung verbreitet sich mit Windeseile. Der Leutnant, der am gleichen Abend von Kollegen in der Kneipe in Gegenwart von Offizieren gefragt wird, ob das «Gerücht» der Verlobung stimme, verneint. Er sieht ein, daß er jetzt in einer ausweglosen Situation ist, nicht beim Militär bleiben kann, und er beschließt, noch in der gleichen Nacht, sich zu erschiessen. Zufällig begegnet er auf dem Nachhauseweg seinem Vorgesetzten, einem Oberst. Der Leutnant vertraut sich ihm an, und der Oberst verspricht, die Sache in Ordnung zu bringen. Der Leutnant wurde am darauffolgenden Tag in eine andere Stadt versetzt. Zu spät erreicht Edith das vom Leutnant abgefaßte Telegramm, in dem seine Versetzung mitgeteilt wird. Als sie davon gehört hatte, daß er die Verlobung abgestritten habe, stürzte sie sich am gleichen Tag vom Schloßturm zu Tode — sie hatte schon vor der Bekanntschaft mit dem Leutnant zwei Suizidversuche durchgeführt —.

Der Leutnant zog dann in den 1. Weltkrieg, der in jenen Tagen ausbrach. Er zeichnete sich durch Tapferkeit aus.

Der Oberst begeht in einer für ihn ausweglosen Situation im Krieg Suizid.

Der angeführte Roman von STEFAN ZWEIG läßt erkennen, wie sehr ein Invalider, besonders wenn die Invalidität bereits in jungen Jahren besteht, einerseits in den mitmenschlichen Bezügen beeinträchtigt ist, andererseits doch ein Leben wie die anderen Menschen haben können möchte. Die Betreffenden befinden sich oft an der Grenze zwischen einem Leben als Außenseiter und einer integrierten Existenz. Das Vorurteil und die Angst vor der Invalidität sind in den letzten Jahren zweifellos abgebaut worden. Es wird mehr als noch vor einigen Jahrzehnten erkannt, daß dem Menschen allgemein nur eine sehr fragile Gesundheit gegeben ist. Wer heute einen intakten Körper hat, kann morgen schon durch einen der Unfälle, die mit der Motorisierung zugenommen haben, invalid sein. Es ist deshalb die Invalidität bei jedermann als Möglichkeit mit vorhanden. Den Invaliden wird indes durch die entsprechenden staatlichen und anderweitigen Versicherungen viel mehr als früher geholfen, von der Grenzsituation los und wieder in das Leben hineinzukommen. Doch wie oft hören wir von Invaliden aus psychiatrischer Ursache, wie sehr sie sich dem Leben fern fühlen, schon allein wegen der Tatsache, daß sie kaum Partner finden, die sich dauerhaft mit ihnen verbinden möchten.

Ein 33jähriger Schizophrener, der seit seinem 20. Lebensjahr krank ist, und seit Jahren keiner geregelten Arbeit mehr nachgehen konnte, klagte in den Gruppensitzungen, an denen er teilnahm, immer wieder darüber, daß er keine Partnerin habe und noch nie eine Frau gefunden habe, die mit ihm eine Freundschaft hätte beginnen wollen, wenn sie gemerkt habe, daß er krank gewesen sei und stets noch an den Folgen seiner Psychose leide. Er sei oft so fürchterlich einsam, daß sich seiner eine panische Angst bemächtige. Dann befinde er sich an der Grenze seiner Leidensfähigkeit, und er müsse in diesen Augenblicken jeweils unbedingt jemandem telefonieren, damit er eine mitmenschliche Stimme vernehme. Meist rufe er seine Mutter an, und schon wenn sie antworte, sei er beruhigt und sein Alleinsein überwunden. Doch wie werde er sich verhalten, wenn er dereinst seine Eltern nicht mehr habe? In diesen Einsamkeitsmomenten fühle er seinen Zustand so unaushaltbar, daß er sich etwas antun könnte. Er habe jeweils Mühe, sich zurückzuhalten.

Also auch bei diesem psychisch Behinderten ergab sich, daß sein Leiden ihn in eine Anomie-Stellung bringt, in der er sich ausgeschlossen aus der Gesellschaft fühlt. Die Situation wird für ihn gelegentlich so unaushaltbar, daß er an das Beenden seiner Existenz denkt. Wohl würden alle Menschen, die in einer solchen Einsamkeit gefangen sind, leiden und etwa suizidal werden.

17. Körperverfremdung als Grenzsituation

Es kommen immer wieder Menschen zu uns, die sich in ihrer Körperlichkeit nicht wohl fühlen und eine kosmetische Operation beantragen. Irgendein Körperteil, z. B. die Nase oder die Geschlechtsmerkmale, werden durch sie als fremd erlebt, und sie versuchen dann um alles in der Welt, diese Attribute zu verändern oder los zu bekommen.

Bei Schizophrenen kann es bekanntlich sogar dazu kommen, daß sie Teile ihres Körpers, z. B. die Hände, als nicht mehr zu sich gehörig erleben und sie abschlagen. Aber auch bei Individuen, die in ihren Ich-Funktionen schwerwiegend beeinträchtigt sind, jedoch in keiner Weise die Möglichkeit haben, ihren Körper oder Teile davon narzißtisch zu besetzen, kann es zu solchen Fremdheitsgefühlen oder dazu kommen, daß sie sich abgestoßen fühlen durch einzelne ihrer Körperteile. Diese Menschen sind in der Regel extrem behindert in ihren Beziehungen zu anderen Menschen. Sie hatten meist in ihrer Kindheit nicht genügend Möglichkeiten, eine Objektrepräsentanz zu entwickeln, weil sie entweder wenig geliebt waren oder aber in einer mehr oder weniger ausgesprochenen Symbiose mit der Mutter zu leben gezwungen waren. Durch diese frühe Mangelerfahrung konnte sich in ihnen ebenso kein konsistentes Selbst entwickeln und damit auch nicht genügend narzißtische Aufmerksamkeit auf den Körper verlegt werden. WALTER SCHINDLER (1973) sagt vom Selbst, daß es der Träger der Identität sei und der Totalität der Person entspreche. Ich habe zwar das Selbst lediglich als die zentrale Repräsentanz in Ich, Es und Über-Ich, als das wärmende Prinzip dieser drei Instanzen bezeichnet, komme aber wie W. SCHINDLER zum Schluß, daß das Selbst «als ein Phänomen einer intentionalen Fühlwahrnehmung des Lebens und Lebensprinzips beschrieben werden (kann), das in und durch Objektbeziehung als ein Teil des Ichs seine Funktion in Geist und Körper balanciert und koordiniert.» Ist dieses Selbst gestört, so muß zwangsläufig auch die Objektrepräsentanz beeinträchtigt sein, da nur dann ein Bild des Anderen im Menschen entstehen kann, wenn man selbst die Fähigkeit besitzt, die narzißtische Aufmerksamkeit auf ein Objekt auszudehnen, bzw. eine Objektbeziehung einzugehen.

Bei diesen Individuen, die ihren Körper oder Teile davon als ihnen entfremdet oder fremd erleben, besteht aber immer auch eine Ich-Schwäche. Ihre Ich-Funktionen sind nahe daran, auseinander zu brechen, und wir haben es — allerdings nur selten — erlebt, daß Menschen, die sich zuerst sehr intensiv mit einem als nicht zugehörig erlebten Körperorgan befaßten, später, entweder bereits vor einer kosmetischen Operation oder aber nachher, an einer Schizophrenie erkrankten.

Doch ist der Ausbruch einer akuten Schizophrenie bei diesen Menschen nicht häufig. Viel öfter sind es Individuen, die Borderline-Zuständen entsprechen (siehe 5. Kapitel), also im allgemeinen noch einigermaßen sozial angepaßt leben, aber dennoch sehr behindert werden durch ihre überwertige Affekteinstellung in bezug auf einen Körperteil oder ihre gesamte Leiblichkeit.

Gelegentlich aber ist die mangelnde Integration eines Körperteils oder des ganzen Körpers in das Selbstbild Zeichen einer beginnenden oder einer bereits länger dauernden schizophrenen Erkrankung.

Eine 26jährige Sekretärin kam ratlos, depressiv in eine psychiatrische Klinik und berichtete über merkwürdige Erlebnisse im Verlauf der vergangenen Wochen und Monate. Sie erzählte, daß ihr Gesicht, besonders ihr Kinn sich seit 7—8 Wochen nach einem Gedanken in dieser Richtung, plötzlich verändert habe. Nun sei sie so unansehlich geworden, daß sie nirgends mehr hingehen könne. Sie glaube, es sei eine Strafe Gottes für ihre übertriebene Eitelkeit. Die Patientin begann zu weinen, ohne daß jedoch das Gefühl beim Gesprächspartner entstehen konnte, daß sie wirklich affektiv mitgehe. Überhaupt wirkte ihre Mimik beim Erzählen oft unbeteiligt oder sogar heiter, belustigt, also völlig gegensätzlich zum Gesprächsinhalt. Sie sprach von Suizidabsichten. In ihrer Familie waren keine Schizophrenien zu verzeichnen. Hingegen waren ein Urgroßonkel und ein Bruder der Patientin Epileptiker. Das Elektroencephalogramm ergab eine generalisierte unspezifische Abnormalität mit Maximum über der rechten Postzentralregion und auch den Verdacht auf einen Epilepsiefokus in dieser Region. Bei der Aufnahme ihrer Personalien und der Bemerkung «ledig» äußerte sie depressiv: «Ich werde es auch immer bleiben. Ich habe so viel Schweres erlebt in der letzten Zeit, weil ich scheußlich anzusehen bin. Mein Gesicht hat sich ganz plötzlich verändert.» Ein Masseur habe ihr ein Büchlein zum Lesen gegeben, das ihr zunächst viel geholfen habe, ihr jedoch nun zum Verhängnis geworden sei. Es heiße: Das Lebensspiel und seine Regeln. Darin stehe, daß man sich nach dem Inhalt seiner Gedanken verändere, und daß diese Aussage wahr sei, habe sie nun zu ihrem Unglück oder zu ihrer Strafe an sich selbst erfahren müssen. Sie habe nämlich während der letzten Monate immer wieder Schlechtes denken müssen, z. B. Gott oder die Eltern oder sonst gute Menschen seien blöd. Sie komme sich daher so furchtbar schlecht vor, daß sie sich mit Verbrechern vergleiche. Auch habe sie sich einer religiösen Sekte angeschlossen, um wieder zu ihrem früheren Leben zurückzufinden. Es sei beizufügen, daß sie eine ausgesprochen starke Vorstellungskraft besitze. Verbrecher hätten oft ein großes Untergesicht und insbesondere ein vorspringendes Kinn, habe sie gelesen. Sie habe sich also vorgestellt, daß sie auch ein vorspringendes Kinn haben müsse, und innert weniger Minuten habe sie bemerkt, daß sie ein solches Kinn habe. Im Spiegel sich betrachtend habe sie mit Schrecken diese Gefühle bestätigt gefunden (objektiv ungerechtfertigt). Bei der Aufnahme der Anamnese kam heraus, daß sie schon seit drei Jahren an dauernden schweren Kopfschmerzen litt und deswegen eine Schädeloperation durchmachte, wobei aber nichts Krankhaftes herauskam. Nach einiger Zeit gab die Patientin an, daß sie schon als 15—16jähriges Mädchen manchmal den Eindruck gewonnen habe, ihre Nase verändere sich. 19jährig sei eine Bekanntschaft zu einem Manne in die Brüche gegangen, und sie habe der Unförmigkeit ihrer Nase die Schuld gegeben. Schließlich, in ihrem 21. Lebensjahr, habe sie sich entschlossen, ihre Nase operieren zu lassen. Nach der Operation sei sie aber mit dem Resultat nicht zufrieden gewesen. Sie sei nicht mehr zur Arbeit gegangen, habe sich vollkommen vernachläßigt, die Nase mit einem Pflaster bedeckt. Erst nach einem Jahr habe sie sich wieder zur Arbeit aufraffen können. 22jährig lernte sie einen um etwa 10 Jahre älteren Mann kennen. Kurz darauf habe die erwähnte Idee begonnen, daß sie ein vorstehendes Kinn und ein zu massives Unterkinn habe. Auf Einwände des Arztes gab sie immer wieder an, daß sie eben mehr wisse als alle anderen Leute, daß sie darüber gelesen und auch am eigenen Leib diese Tatsache verspürt habe. Als weiterer Beweis, daß sie die Formen ihres Gesichtes mit der Kraft ihrer Gedanken verändern könne, berichtete sie über folgendes: Sie habe an jemandem, der ein rote Nase habe, bemerkt, wie schön eine solche Nase sei. Im letzten Herbst habe sie nun plötzlich immer wieder an diese rote Nase denken müssen, und plötzlich habe sie erkannt, daß sie selbst auch eine rote Nase bekomme. Sie habe auf der Straße einen schönen Nelkenstrauß gefunden, gerade als sie über ihr Schicksal (mit der roten Nase) traurig gewesen sei. Deshalb habe sie wirklich denken müssen, der liebe Gott habe ihn ihr geschickt, damit sie etwas Freude in ihrer Stube habe, und dann seien in dem Jahr, in dem sie habe in die Klinik eintreten müssen, die Gedanken wegen der Verformung ihres Kopfes gekommen. Vielleicht seien sie ihr von Gott geschickt worden, um sie für ihre Eitelkeit zu bestrafen. — Es zeigte sich in der Klinik in den folgenden Tagen immer mehr, daß die Patientin in eine psychotische Dimension hineingeraten war. Sie vermochte nicht mehr auf einen Gesprächspartner einzugehen, wiederholte immer monoton ihre Klagen, wies inadäquate Affekte auf, schien wenig betroffen von dem, was sie eben gerade sprach. Gelegentlich konnte sie euphorisch sein. Sie wurde gedanklich zerfahren, plauderte kindlich-unbekümmert und zeigte manchmal ein Verhalten, das von den anderen als läppisch erlebt wurde. Immer mehr wurde daran gedacht, daß bei der Patientin eine Schizophrenie (Hebephrenie) vorliegen müsse. Die Kranke blieb insgesamt fünf Wochen in der Klinik, wurde dann nach Hause entlassen, mußte aber später wegen einer Erregung erneut in eine psychiatrische Klinik eintreten, wobei dieses Mal die Symptome klar auf eine Schizophrenie hinwiesen.

Bei der Patientin war also das Fremdheitsgefühl gegenüber ihrer Nase bereits das erste Zeichen des Ausbruchs ihrer Psychose. Es kann aber ein solches Fremdheitsgefühl gegenüber einem Körperorgan auch vorwiegend nur ein Zeichen dafür darstellen, daß eine frühe Mangelerfahrung und eine daraus folgende Beeinträchtigung des Selbsterlebens vorliegt, wobei die mangelnde Annahme eines wichtigen Körperorgans repräsentativ ist für die nicht erfolgte Selbstakzeptation. Allerdings beobachten wir bei Individuen, die eine solche Verfremdung in bezug auf einen Körperteil oder die gesamte Leibeserscheinung aufweisen, meist auch eine Fragmentationstendenz ihres Ich.

Ein 22jähriger Student, der ursprünglich Schauspieler werden wollte, vermochte sich nicht mehr auf sein Studium zu konzentrieren. Er hatte sich, seit ihm in einer Eignungsprüfung gesagt worden sei, daß sich sein Gesicht für die Bühne nicht eigne, zunehmend damit beschäftigt, seine Nase operativ verändern zu wollen. Der Vater des Patienten war äußerst dominierend, obschon oder weil er unter Minderwertigkeitsgefühlen litt. Der Bruder des Kranken hatte erfolgreich studiert, war eineinhalb Jahre älter als er, die Schwester drei Jahre jünger. Der Patient sagte, daß er in einem gespannten Verhältnis zum Vater stehe, und er habe deshalb nie über seine inneren Probleme mit ihm sprechen mögen. Vor zwei Jahren habe er die Rekrutenschule absolviert, und dabei habe er sich noch wohl gefühlt. Die Vorstellung, daß sein Gesicht fehlproportioniert sei, habe sich dann aber immer mehr gesteigert. Er habe nun das Gefühl, abstehende Ohren und eine hypertrophische Nase zu haben. Sein Kiefer sehe aus wie derjenige eines Räubers, und er sei deshalb früher durch die Kameraden gefoppt worden. Er habe eine kosmetische Operation gewollt. Der Vater sei damit aber nicht einverstanden gewesen. Immer wieder betonte der Patient, daß er nichts sehnlicher gewünscht habe, als daß der Vater einmal den Willen des Sohnes, zumindest als Diskussionsbasis, akzeptiert hätte. Dieser junge Mann intoxikierte sich eines Tages dermaßen mit Alkohol, daß er in einem Rausch in einer psychiatrischen Klinik hospitalisiert werden mußte. Beim Aufwachen erklärte er, daß er aus Wut und Verzweiflung getrunken, jedoch keinerlei Suizidabsichten gehabt habe. In zahlreichen Besprechungen mit ihm ergab sich, daß er in schweren Spannungen mit den Eltern, vor allem mit dem Vater, lebte, nie oder nur äußerst selten väterliche Bestätigung erhalten hatte und daher in seinem Selbstgefühl selbst sehr stark beeinträchtigt war. Es bestand bei diesem jungen Mann zwar eine gewisse Fragmentationstendenz seines Ich, wesentlicher bei ihm war jedoch, daß er auf Teile seines Gesichts seine Eigenliebe, seinen Narzißmus, nicht ausdehnen konnte, weil er offenbar an die frühkindliche Mangelerfahrung, besonders von Seiten des Vaters, fixiert und in seinem Selbstgefühl gestört war. Der Patient konnte nach zehn Tagen aus der Klinik entlassen und einer ambulanten Behandlung zugeführt werden. Er hatte sich in einer Grenzsituation befunden, weil er erstens dem erwähnten Verfremdungsgefühl ausgesetzt und zweitens äußerst verzweifelt war, da die Eltern, insbesondere der Vater, diese bis an die Grenze der Leidensfähigkeit gehende Not ihres Sohnes nicht erkannt hatten.

Zu einer Grenzsituation kann es auch kommen, wenn Individuen, wohl — zumindest teilweise — aus konstitutionellen Gründen heraus, nicht fähig sind, sich in ihrer Körperlichkeit anzunehmen. Extrem wird es bei den sogenannten Transsexuellen, die sich mit ihrem körperlichen Geschlecht nicht abzufinden vermögen, weil sie entsprechend dem Gegengeschlecht fühlen. Es besteht also eine ausgesprochene Störung der Selbstidentität bei diesen Menschen. Männliche Transsexuelle konnten infolge einer mehr oder weniger vollkommenen Symbiose mit der Mutter in der frühen Kindheit (STOLLER, 1971) und weibliche Transsexuelle infolge nicht stattgefundener Ausdehnung des Narzißmus auf die Weiblichkeit bzw. mangelnder narzißtischer Besetzung des weiblichen Körpers, bei Nicht-Annahme der Mädchen-Rolle durch die Eltern, keine körperentsprechende Geschlechtsidentität entwickeln. Es ist stets beeindruckend, wie sehr diese Menschen, die — nach den heutigen Kenntnissen — mehrheitlich chromosomal voll und ganz ihrem Körpergeschlecht entsprechen, darunter leiden, daß sie nicht dem Gegengeschlecht zugehören. Eine geschlechtsumwandelnde Operation kann zwar die äußeren sexuellen Merkmale verändern, doch nie zu einem vollen sexuellen Erleben in der gegengeschlechtlichen Identität führen. Die Betroffenen befinden sich in einer Grenzsituation, weil sie, wie erwähnt, einerseits äußerlich meist ganz ihrer angeborenen Körperlichkeit entsprechen, jedoch ebenso total sich dem Gegengeschlecht zugehörig fühlen. Die Operationen, wie sie unter anderem von MONEY und EHRHARD an der John Hopkins University in Baltimore und von KRUPP (1979) in Basel durchgeführt werden, führen meist zwar nicht zu vollbefriedigenden körperlichen Resultaten, sie helfen aber diesen Menschen, sich entsprechend dem erwünschten Gegengeschlecht zu verhalten. Trotzdem bleibt die Tatsache bestehen, daß sie nicht vollwertig die erstrebte Geschlechtszugehörigkeit besitzen, und sie befinden sich deshalb auch postoperativ noch in einer Grenzsituation. Meistens ist ihr Leid indes etwas gemildert, doch besteht keine Möglichkeit, sie vollwertig in das Gegengeschlecht umzuwandeln. Bei wenigen der Transsexuellen bestehen Chromosomenanomalien. Neueste Befunde deuten darauf hin, daß gewisse genetisch männliche Transsexuelle zu wenig HY-Antigen aufweisen bzw. als praktisch HY-negativ gelten können (ERIKA M. BÜHLER, 1980). — Das HY-Antigen, lokalisiert auf dem Y-Chromosom, ist verantwortlich für die Ausdifferenzierung der embryonalen Gonadenanlagen in männlicher Richtung. Bei einer Untersuchung von 12 männlichen Transsexuellen durch JANE WYLER (1977) wurde bei 2 eine XXY-Chromosomenkonstellation, d. h. ein Klinefelter-Syndrom, festgestellt. Diese Menschen, die äußerlich nicht von anderen Männern zu unterscheiden waren, befanden sich dementsprechend in der gleichen Grenzsituation wie andere Patienten, die chromosomal männlich waren und sich nicht damit abzufinden vermochten.

Ein 23jähriger, genetisch männlicher Transsexueller suchte uns auf, nachdem er an anderem Orte mit gegengeschlechtlichen Hormonen vorbehandelt worden war. Es fiel auf, daß der Patient in seiner Psychomotorik, seiner Mimik, seinem Gehabe ausgesprochen weich und feminin wirkte. Auffällig war auch sein weicher Händedruck. Der Patient gab an, in seiner äußeren Geschlechtsrolle immer unglücklich gewesen zu sein. Er habe vor seinem Geschlecht einen ausgesprochenen Ekel und lehne alle Männer ab. Seit dem sechsten Lebensjahr habe er sich selbst befriedigt. Heute widerstrebe es ihm, sich am Geschlechtsteil zu berühren oder sich von einer Freundin anfassen zu lassen. In Träumen sei er immer wieder mit dem Problem der Geschlechtsidentität konfrontiert gewesen. So habe er z. B. im Traum ein Kind in den Armen gehalten, sich als Mutter empfunden, geweint vor Glück. Seit seinem 17. Lebensjahr sei er mit einem um ein Jahr jüngeren Mädchen befreundet. Sie hätten jedoch nur die ersten beiden Male einen normalen Geschlechtsverkehr, wie zwischen Mann und Frau, gehabt. Er habe sich derart abgestossen gefühlt, daß er davon nicht befriedigt worden sei. Seither pflegten sie den «intimen Verkehr wie zwei Lesbierinnen». Er befriedigte die Freundin oral, wobei auch er zur Erektion komme. Die Freundin, 22jährig, bestätigte die Angaben des Patienten. Sie habe zuvor Männer gekannt, die ihr sexuell immer brutal begegnet seien. Darauf sei sie zur Lesbierin geworden. Man könne in einer solchen Beziehung nicht unerwünscht schwanger werden. Der Patient sei sehr fein und zartfühlend, und sie unterhielten eine sehr gute Beziehung. Sie unterstütze sein «Begehren», eine «geschlechtsumwandelnde» Operation vollziehen zu lassen, und sie werde ihn nicht verlassen, falls er noch weiterhin mit ihr zusammenbleiben wolle. —

Anamnestisch gab uns der Patient an, daß er als mittleres von drei Kindern eines Handwerkers auf dem Lande aufgewachsen sei. Zur Mutter habe er immer eine sehr enge Beziehung unterhalten. Den Vater habe er stets abgelehnt. Er habe ihn in seiner Männlichkeit als grob und brutal empfunden, vor allem weil er mit der Mutter nie habe lieb sein können. Ihn, den Patienten, habe der Vater immer ein Mädchen gescholten. Mit etwa vier Jahren, auf einem Spaziergang, habe der Vater verlangt, daß der Patient über einen Bach springe. Mit seinem Sonntagsanzug sei er dann in das Wasser gefallen, und der Vater habe ihn darauf beschuldigt, den Anzug beschmutzt zu haben. Seither hasse er den Vater. Zu den beiden Schwestern unterhalte er gute Beziehungen. Soweit er sich zurückzuerinnern vermöge, habe er sich als Mädchen und Frau empfunden. Im Alter von zwei Jahren habe er sich mit einer Schere den Penis abschneiden wollen. Im Kindergarten habe er sich nur mit Mädchen angefreundet. Auch in der Schule habe er sich immer nur an Freundinnen angeschlossen. In der dritten Schulklasse hätten ihm die Eltern gesagt, er solle nicht nur immer mit Mädchen gehen, und später hätten sie ihm den Umgang mit einer Freundin sogar untersagt. Die Schulen hätten ihm keine Schwierigkeiten bereitet, ebenso auch nicht eine kaufmännische Lehre. Die chromosomale Geschlechtsbestimmung ergab beim Patienten einen unauffälligen männlichen Befund. In den testpsychologischen Untersuchungen erwies sich seine intellektuelle Begabung mit einem Intelligenzquotienten (I.Q.) von 122 als überdurchschnittlich. Auch im Progressiven Matrizentest bewies er — mit einem Percentilwert von über 95 und einer Gesamtbewertung von Grad I — eine überdurchschnittliche intellektuelle Begabung. Vor allem im Rorschachtest ließ sich eine vorwiegend weibliche Identifikation sowie eine starke phobische Ablehnung der Männlichkeit erkennen. Das Freiburger Persönlichkeitsinventar sprach für ein vorwiegend weibliches Selbstbild.

Bei der konstant bleibenden Forderung des Patienten nach einer geschlechtsumwandelnden Operation und bei seinem Leiden in dieser Situation, in der er einerseits männliche Geschlechtsattribute hatte, andererseits aber als Frau empfand, befürworteten wir eine «geschlechtsumwandelnde» Operation. Es wurde in der Abteilung für plastische Chirurgie (Leiter PD Dr. med. S. KRUPP) der Chirurgischen Universitätsklinik des Kantonsspitals Basel eine Emaskulinisierung mit Vaginal- und Vulvaplastik sowie einer Vergrößerung beider Mammae durchgeführt.

Bei der Katamnesenerhebung 16 Monate danach ergab sich, daß der Patient nun als Frau lebte und nicht mehr gezwungen war, in der erwähnten Grenzsituation zu leben. Er war weniger ängstlich und befürchtete nicht mehr, als Mann behandelt zu werden. Seine Identifikation mit dem weiblichen Geschlecht verlief nun unkompliziert. Dementsprechend hatte er auch seine Geschlechtsveränderung juristisch nachvollziehen lassen. Nach der Operation sei eine große Belastung weggefallen, vor allem sein Ekel vor seinem eigenen Körper sei geschwunden, und er könne sich besser selbst annehmen. Er habe seit einem halben Jahr eine neue, wiederum eine lesbische Freundin, da er offenbar die sexuellen Bedürfnisse der ersten nicht habe befriedigen können. Der Patient erklärte, daß er aber doch noch ein Problem habe: er wäre gerne Mutter geworden. Hier stieß er aber an eine weitere Grenze, diejenige seiner nicht vorhandenen Gebärmutter. Es blieb ihm — hier sollte ich eigentlich sagen ihr — die Möglichkeit offen, ein Kind anzunehmen.

Die «geschlechtsumwandelnde» Operation ermöglicht bei diesen Menschen zwar auch nur eine äußere Korrektur der Geschlechtsmerkmale, doch gibt sie ihnen wenigstens in der Erscheinungsweise die Möglichkeit, im erstrebten Gegengeschlecht aufzutreten. Allerdings kam der erwähnte Patient damit in zweierlei Hinsichten wieder an Grenzen. Erstens war es ihm nicht möglich, selbst ein Kind auszutragen, und zweitens konnte er offenbar nicht mit normalgeschlechtlichen Männern, sondern nur mit Lesbierinnen zusammenleben.

CARL SPITTELER schildert in seinem «Olympischen Frühling», wie die Schicksalsgöttin Moira beliebig Seelen in Körper hineinpfercht, seien es Menschen oder Tiere. Beim Anhören solcher transsexueller Patienten kommt unwillkürlich die Phantasie auf, daß versehentlich eine weibliche Seele in einen männlichen Körper kam. Eine solche Vorstellung ist indes unwissenschaftlich. Der Transsexualismus bedarf noch weiterer exakter Abklärung. Prägungen, narzißtische Fehlentwicklungen, identifikatorische Prozesse, vielleicht aber auch noch unbekannte genetische Faktoren können zur Entstehung des Transsexualismus beitragen und dazu führen, daß Menschen, die im Grunde genommen mehr als die sogenannte Normalbevölkerung eine eindeutige Geschlechtsidentität wünschen, gezwungen sind, in der Grenzsituation der körperlich «falschen Geschlechtszugehörigkeit» zu leben, bis eine «geschlechtsumwandelnde» Operation ihnen zumindest eine gewisse Linderung bringt.

18. Die langanhaltende existentielle Gefährdung als Grenzsituation

Befindet sich ein Mensch in einer Situation, in der er während längerer Zeit in seiner leib-seelischen Existenz bedroht ist, so ist eine Grenzsituation gegeben, in der ihm, um eine Chance zum Überleben zu haben, nichts anderes übrig bleibt, als eine «Vita minima» zu führen, apathisch und depersonalisiert vor sich hin zu leben, wie es bei Konzentrationslagerhäftlingen beschrieben wird (SEGALL, 1974), Konfrontationen mit dem Feind zu vermeiden und sich mindestens soweit mit ihm zu identifizieren, als er dafür sorgt, ihm möglichst nicht aufzufallen. Sofern diese Menschen die existentielle Gefährdung, die totale Vernichtung und Vernichtungswut des Gegners überhaupt überleben, so bleibt diese Existenz am Rande des Todes nicht ohne Auswirkungen für die Zeit nach dem Durchstehen der Gefahr.

JUDITH KESTENBERG (1974) schreibt davon, daß die Überlebenden von Naziverfolgungen durch dreierlei psychische Besonderheiten gekennzeichnet seien:

1. Liebesverlust und Zurücksetzung in ihrer sozialen Gruppe aufgrund der Exilierung, verbunden mit einer Minderung des bürgerlichen Ansehens. Es resultierte eine Erniedrigung des Selbstwertgefühls und ein durch das Über-Ich hervorgerufener Selbsthaß. So geschädigte Eltern liefen Gefahr, sich ihren Kindern als wertlos und als unfähig, sie zu beschützen, darzustellen. Sie wirkten sich auf die kommende Generation ungünstig aus, da sie erwarteten, daß ihre Kinder durch besondere Leistungen die beschädigte Identität der Eltern wieder herstellten.

2. Jeder Überlebende der Naziverfolgung habe bis zu einem gewissen Grade einen Verlust der integrativen Funktionen erlitten, die für die Erziehung der Kinder unerläßlich seien. Könne ein Betroffener die Tatsache seines Überlebens nicht als wertvolle Grundlage benützen, um seine psychische Struktur wieder aufzurichten, so vermöge er die Trauer um seine verlorenen

143

Angehörigen und sein eigenes Selbst, so wie es vor der Verfolgungszeit gewesen sei, nicht erfolgreich abzuschließen.

3. Sadistische Phantasien aus allen Phasen destruktiver Wunscherfüllung seien durch die von den Nazis hergestellte bizarre Realität der Schreckenszeit erweckt worden. Selbst wenn die Eltern keine körperlichen Schäden davongetragen, aber an diesem psychotischen System durch Verfolgung und Bindungen an umgekommene Verwandte teilgehabt hätten, seien sie nun Träger eines archaischen, sadomasochistischen Über-Ich auf der einen Seite und ergäben sich in ihnen sadomasochistische Durchbrüche von Es-Wünschen auf der anderen Seite.

Eine langanhaltende, existentiell schwerste Bedrohung wirkt sich also nicht nur auf die Beteiligten, sondern auch auf die unmittelbaren Nachkommen beeinträchtigend aus.

Die Menschen, die langen Konzentrationslagereinwirkungen ausgesetzt waren, haben in dieser Zeit dermaßen alle Lebensregungen verneint und sich auf die Existenz zutiefst bedrohender Bedingungen so eingestellt, daß sie ein Über-Ich entwickelt haben, mit dem sich nachher kaum mehr leben läßt. VON BAEYER und KISKER (1960) führen im Zusammenhang mit Konzentrationslagereinwirkungen aus: «Die Umstände, unter denen politisch und raßisch Verfolgte jahrelang innerhalb und außerhalb von Konzentrationslagern zu leben hatten — ihre absolute Entrechtung und Entwürdigung, die ständige Lebensbedrohung, die körperlichen Quälereien, die Hoffnungslosigkeit ihrer Lage — waren dazu angetan, in bestimmten Fällen nachhaltige und unverwischbare Erlebnisspuren ... zu hinterlassen ... Aus diesem Grunde sind diese Menschen im Zusammenhang mit dem, was sie erfahren haben, berechtigt, die grauenhaften Erlebnisse als im ursächlichen Zusammenhang mit ihrem Leiden zu betrachten.» REINHART LEMPP (1979) hat Menschen untersucht, die zwischen der Zeit der Geburt und dem 21. Lebensjahr unter diesen Verfolgungsbedingungen gelitten haben. Es ergab sich, wie LEMPP schreibt, daß in ziemlicher Altersabhängigkeit — bezogen auf die Verfolgungszeit — charakteristische Spätfolgen auftraten. Sie betreffen bei Verfolgung während der frühesten Kindheit vor allem die Kontaktfähigkeit und die soziale Selbständigkeit. Betroffene Menschen, welche während der Vorpubertäts- und Reifezeit der Verfolgung ausgesetzt waren, zeigten demgegenüber mehr die charakteristischen Symptome der chronischen reaktiven Depression und Persönlichkeitsveränderungen, wie sie von Baeyer und Mitarbeiter als Verfolgungssyndrom beschrieben haben. In gewissem Grade weniger stark psychisch und sozial beeinträchtigt scheinen diejenigen zu sein, die ihre ersten drei Lebensjahre noch im Frieden daheim verbringen konnten und dann erst die weitere Kindheit, bis etwa zum elften Lebensjahr, unter der Verfolgung zu leiden hatten.

Eine 41jährige Frau suchte mich wegen zunehmender Angstanfälle auf, da sie ihre Attacken, die sich bei ihr seit ihrer Entlassung aus dem Konzentrationslager Theresienstadt immer wieder einstellten, kaum mehr aushielt. Sie litt auch an diversen psychosomatischen Störungen, so u. a. an kalten Händen und Füssen, und hatte dauernd Angst, an irgendeinem Krebs zu erkranken. Mit 15 Jahren war sie, zusammen mit ihrer Mutter, von Nazis verschleppt worden. Der Vater wurde mit einem gesonderten Transport nach Auschwitz verbracht. Er kehrte nie mehr von dort zurück. Die Patientin kam, zusammen mit ihrer Mutter, nach Theresienstadt, und sie erlebte dort immer wieder die Angst, durch die Nazis getötet zu werden. Als sie zu mir kam, hatte ich bei ihren Schilderungen den Eindruck, daß sie es sich nicht gestattete, fröhlich zu sein. Hatte sie mit ihrem Ehemann, einem biederen, aus unserer Gegend stammenden Mann, den Plan, in die Ferien zu fahren, war sie ihren Ängsten besonders ausgeliefert. Offenbar gönnte ihr Über-Ich, das überstark war, ihr nicht, daß sie ein normales Leben führte. In den Besprechungen mit ihr kam immer wieder heraus, daß sie das Gefühl hatte, kein Recht mehr zu leben zu haben, wenn doch ihr Vater habe unter den erwähnten Umständen sterben müssen. Die Patientin lebte mit ihrem Mann in einer Wohnung, und in einem Nachbarlogis wohnte ihre Mutter. «Was wird geschehen, wenn einmal die Mutter sterben sollte?» Sie konnte sich deren Ableben nicht vorstellen, ohne wieder in schwerste Ängste zu kommen. Vielleicht war die Mutter die einzige Person, die ihr gefühlsmäßig die Lebensberechtigung zu geben vermochte. Die Patientin war immer zu analytisch orientierten Gesprächen bereit, doch blieben die Unterhaltungen stets im Rahmen des bürgerlich Konventionellen. Nie konnte sie sich eine Schwäche zugestehen. Sie berichtete darüber, zu Hause eine peinliche Ordnung zu haben. Nach jahrelang allmonatlich mit ihr durchgeführten Besprechungen wandelte sich das Bild nicht. Auch autogenes Training vermochte ihr nur dann zu helfen, wenn sie sich nicht in ihren Panikzuständen befand. Die Konzentrationslagereinwirkungen und vor allem ihr hypertrophes Über-Ich ließen sie kaum leben, besonders dann nicht, wenn sie jeweils hätte das Leben genießen können. Offenbar war ihr Über-Ich durch die notwendigen Anpassungsleistungen im Konzentrationslager und durch das Erlebnis, daß der Vater getötet wurde, sie aber noch lebte, derart übermächtig, daß sie damit in einer gewöhnlichen Umwelt kaum mehr zu leben vermochte.

Es ist charakteristisch für diese Menschen, daß sie während der Gefahrenzeit sich dank der Verstärkung ihres Über-Ich am Leben zu erhalten vermochten, dann aber, in gewöhnlichen Zeiten, damit kaum mehr leben können. Das Über-Ich dieser Menschen gestattet dann im Grunde nur noch ein Minimalleben, so daß ihre Lebensgefühle und -triebe nicht mehr zum Zuge zu kommen vermögen. Die Betroffenen erkranken daher an chronischen Depressionen und Verängstigungen oder an Zuständen, in denen sie ihr hypertrophes Über-Ich auf die Umgebung projizieren und dementsprechend dazu neigen, sich — paranoid — durch andere beeinträchtigt und verfolgt zu fühlen.

19. Die Grenzsituation der akuten Lebensgefahr

Eine Lebensgefährdung kann sich auch ergeben, wenn ein Mensch sich überraschend vor eine vollkommen neue Situation gestellt sieht oder von einem akuten Geschehen bedroht ist. Wiegt sich beispielsweise ein Individuum in Sicherheit und gibt es über seine materiellen Möglichkeiten Geld aus, so kann es total erschüttert und aus der Bahn geworfen sein, wenn es erkennen muß, daß sein Gebaren zum Konkurs geführt hat. Ein solcher Mensch kommt in eine Grenzsituation, in der er oft nicht mehr die Fähigkeit hat, klar zu überlegen, und in der er oft nur noch seine Not erlebt. In unserer psychiatrischen Sprechstunde werden wir gelegentlich auch mit Menschen konfrontiert, die unvermittelt und unvorbereitet ihre berufliche Stellung verloren haben. Während sie sich noch kurz zuvor absolut sicher glaubten, erhielten sie die Kündigung.

Ich erinnere mich, daß ich in der psychiatrischen Klinik einen Mann, einen Direktor, in mittleren Jahren zu behandeln hatte, dem kurz vorher die Aufgabe gegeben war, einen Betrieb zu sanieren und wieder zu Gewinnen zu führen. In seinem Erleben hat er das Geschäft vorbildlich geführt, und es hätten sich die Früchte seiner Arbeit abzuzeichnen begonnen. Doch die neue Gesellschaft, die das Geschäft übernommen hatte, konnte und wollte ihn offenbar nicht übernehmen. Die Kündigung traf ihn wie ein Blitz aus heiterem Himmel. Er, der aus bescheidenen Verhältnissen gekommen war, erlebte sich und seine Familie wieder an der Grenze der Armut. Er konnte diesen Umstand nicht ertragen, begab sich auf den Estrich seines Hauses, holte seine Militärpistole und drückte eine Kugel gegen seine Brust ab. Zum Glück streifte er den Thorax nur, und er konnte gerettet werden. Der akute Sicherheitsentzug und die plötzliche Infragestellung von all dem, für was er beruflich gelebt hatte, ließ ihn an die Grenze seiner Leidensfähigkeit geraten.

Ein anderer Mann, 42 Jahre alt, der durch seine Eltern außerordentlich streng erzogen worden war, kannte in seinem Leben nichts anderes als die Treueverpflichtung zu seiner Frau und zu seiner Arbeit. Er sei stets sehr pflichtbewußt gewesen. Seine 20jährige Ehe sei immer schwierig gewesen. Doch sei er bei der Frau geblieben, obschon sie eine ganz andere Mentalität wie er vertrete, sie keine Kinder bekommen könne und er sich nichts sehnlicher gewünscht habe, als Nachfolger zu haben. Die Frau habe sich schließlich fremden Philosophien verschrieben, und er habe nicht mehr mit ihr fühlen können. In seinem 41. Lebensjahr hätten schließlich seine Frau und er in einer anderen Stadt einen Arzt aufgesucht. Dieser Mann habe seiner Gattin nun «brutal» die Trennung von ihm empfohlen. Er sei furchtbar schockiert gewesen, sei aber bei der Frau geblieben, obschon eigentlich sie die Trennung gewollt habe. Seine Existenz habe er fortan als bedroht erlebt, denn er habe bislang seine Frau auch als Mutter genommen. Seine Verunsicherung sei soweit gegangen, daß er seine beruflichen Aufgaben vernachläßigt habe und nun von der Geschäftsleitung gezwungen werde, einen weniger anspruchsvollen Posten zu übernehmen. — Dieser Mann, der in seiner Kindheit und Jugend nie Liebe und Wärme erhalten hat, sondern immer nur Pflichten erfüllen mußte, hat trotz beträchtlichen Leistungen, nie eine entsprechende Selbstsicherheit entwickelt, und als der Schlag der drohenden Trennung auf ihn zukam, fühlte er sich an die Grenze seiner Leidensfähigkeit gelangt.

Bei Menschen, die aus anlagemäßigen oder lebensgeschichtlichen Gründen ohnehin sich nur in einem sehr labilen Gleichgewicht befinden, vermag ein sie treffender Schicksalsschlag sie mehr oder weniger vollends aus dem Geleise zu werfen und sie in eine Grenzsituation zu versetzen, aus der kein Ausweg mehr zu führen scheint. Ein Herauskommen aus einer solchen

Grenzsituation ist nur dann möglich, wenn sie einen Therapeuten erfahren, mit dem sie während längerer Zeit, meist Jahren, womöglich in mehreren Sitzungen pro Woche und psychoanalytischer Kleinarbeit, einerseits auf die Wurzeln ihrer Unsicherheit gelangen, andererseits aber auch langanhaltend eine ungeteilte Aufmerksamkeit und eine bedingungslose Zuwendung erleben.

Ähnlich ergeht es einem Menschen, wenn er plötzlich einen Unfall erleidet. Aus scheinbar vollkommener Gesundheit und Sicherheit heraus wird er in eine totale Infragestellung des Lebens hineinversetzt. Die im Alltag üblichen Illusionen, daß nichts das Leben bedrohen könne, werden so erschüttert, daß eine schwere Verängstigung entstehen kann.

So war es der Fall bei einer 55jährigen Frau, die sich auf der Durchreise durch Basel befand und unsere Poliklinik notfallmäßig aufsuchte. Sie stammt aus einem Lande des nördlichen Europas und ist die ältere von zwei Töchtern eines Sportsmannes, der früh an den Folgen eines in einem Rennen durchgemachten Segelunfalls verstorben ist. Die Mutter sei eine liebe Frau gewesen und habe gerne Auktionen besucht. Sie habe sich vom Vater scheiden lassen, als die Patientin vier Monate gezählt habe. Dreijährig sei ein Stiefvater ins Haus gekommen. Er habe, zusammen mit der Mutter, Antiquitäten verkauft. Die Patientin unterhielt weder zur Mutter noch zum Stiefvater eine gute Beziehung. Mit ihrer um 7 Jahre jüngeren Schwester verband sie ein inniges Verhältnis. Sie besuchte Gymnasium und Kunstakademie. In ihrem 16. Lebensjahr lernte sie ihren künftigen, um 6 Jahre älteren Ehemann, einen Restaurator ostasiatischer Bilder, kennen. Mit 20 Jahren erfolgte ihre Heirat. Die Ehe wurde als harmonisch, wenn auch kinderlos, geschildert. 21jährig erfolgte ein Jahr USA-Aufenthalt. Die Patientin betätigte sich mehr und mehr als Künstlerin, kam, zusammen mit ihrem Ehemann, in die verschiedensten Länder. Nachdem der Gatte, als sie 36 Jahre alt war, bereits einen Unfall in einem Taxi erlitten hatte, erlebten beide zusammen vier Jahre später einen Verkehrsunfall. Die Patientin war damals schwer verängstigt. Zwei Jahre später starb plötzlich der Stiefvater an einem Myokardinfarkt. Nach einem weiteren Jahr, in ihrem 53. Lebensjahr, erlitt die Patientin in einem Flughafen einen Unfall. Seither steigerten sich ihre Ängste, und sie begann an einer Hypertonie zu leiden. Seit ihrem 54. Lebensjahr befindet sie sich wieder in unserem Lande, und seit dieser Zeit fange sie jeweils eine halbe Stunde nach dem Erwachen an zu zittern. Sie habe dann das Gefühl, der Boden gehe unter ihren Füssen weg. Wenn sie sich auf die Straße begebe, stelle sich ein Krampf im Nacken ein, der sich bis in die Arme erstrecke. Sie leide große Angst. Mehr als 20 Minuten könne sie jetzt nicht mehr gehen. Sie müsse dann niederkauern und in dieser Stellung verbleiben. Es hätten bereits diverse somatische Abklärungen stattgefunden, die aber keine Erklärung für ihre Zustände ergeben hätten. Der Gatte hätte in ein Spital eintreten sollen, er habe diesen Schritt aber nicht vollziehen können, da sie ohne ihn nicht zu existieren vermöge.

Die zweifellos in ihrer frühen Kindheit nicht genügend gefühlsmäßig umhegte Frau, die wohl deshalb nicht genügend Selbstsicherheit zu entwickeln vermochte, war vollends verunsichert und verängstigt, nachdem sie durch zwei Unfälle in eine Grenzsituation zwischen Leben und Tod gekommen war. Es war, wie wenn ihr nochmals oder erstmals klar geworden wäre, daß sie in dieser Situation hätte sterben können, ohne das Leben entsprechend ihrem eigenen — allerdings wohl schwachen — Selbstbild gelebt zu haben.

Es zeigt sich anhand unserer Erfahrung, daß zwar Ängste bei akuten Bedrohungen in allen Menschen aufkommen können, jedoch umso mehr auftreten, je mehr die Individuen durch eine frühe Verunsicherung, durch einen Mangel an Urvertrauen (ERIKSON, 1965) primär verunsichert sind (BATTEGAY, 1970).

Doch können auch gesunde Menschen, geraten sie in eine Ausnahmesituation, an eine Grenze gelangen, an der in ihnen schwerste existentielle Ängste aufkommen. Bei einem Schiffsuntergang werden wohl alle Beteiligten mehr oder weniger eine

Grenzsituation zum Tod hin erleben und entsprechend verängstigt sein.

So war es auch bei einer jungen Frau der Fall, die über
ihren durchgemachten Autounfall folgendes berichtete:
«An einem frühen Wintermorgen fuhr ich, eine 22jährige
Krankenschwester, vom Semmering ins Burgenland. Es
war noch dunkel, die Straßen waren menschenleer. Hinter mir fuhr ein Automobilist, der immer wieder sein
Scheinwerferlicht einschaltete und mich blendete. Um
diesen lästigen 'Verfolger' los zu werden, beschleunigte
ich mein Tempo etwas. Als ich einen Pass hinunter fuhr,
kam ich in einer Kurve ins Schleudern. Offenbar hatte
ich eine vereiste Stelle übersehen. Während des Schleuderns gegen das linke Straßenbord sah ich plötzlich im
Scheinwerferlicht eine junge Fußgängerin. Ich empfand
sofort panische Angst, daß ich einen unschuldigen Menschen überfahren könnte. Ich riß das Steuer herum, so
daß ich auf die entgegengesetzte Seite gegen das rechte
Straßenbord zu schleuderte. Ich wußte jedoch nicht, ob
ich mit der jungen Frau in Berührung gekommen war
oder nicht. Die Zeit des Schleuderns, die wenige Sekun-
den betragen haben muß, kam mir unendlich lang und
nicht enden wollend vor. Ich realisierte, daß ich in die zunächst gewünschte Richtung fortgetrieben wurde, war
mir aber bewußt, daß unmittelbar an dem rechten Straßenbord ein Abhang grenzte, über dessen Höhe ich völlig
im Unklaren war. Mein kleines Auto war außer Kontrolle geraten. Ich schleuderte den Abhang hinunter, der nur
einige Meter hoch war. Unten kam mein Auto auf dem
Dach zum Stehen, und ich konnte ihm, nachdem ich meine Gurten geöffnet hatte, praktisch unverletzt entsteigen.
Das Auto erlitt Totalschaden. Das im Scheinwerferlicht
plötzlich vor mir sichtbare Mädchen wurde nicht ange-
fahren. Es wich jedoch, wie sich später herausstellte, erschreckt aus, fiel hin und zog sich eine leichte Prellung
zu. Die Mutter des noch minderjährigen Mädchens ver-
klagte mich daraufhin wegen fahrlässiger Körperverlet-
zung. Wenn ich die Gefühle beim Ablauf dieses Unfalls

schildern muß, so empfand ich in erster Linie wegen der Zwangspassivität, dieses Hinrasens auf diesen Menschen, trotz verschiedener Lenkungsversuche, das ich weder beenden noch verlangsamen konnte, als furchtbare Angst. Die Zeit zwischen dem Beginn des Schleuderns und dem Stillstand des Autos am Ende des Abhangs kam mir unendlich lang vor: mein subjektives Zeitempfinden war völlig verändert. Ich hatte eine grauenhafte Angst, daß das Mädchen meinetwegen verletzt oder getötet worden sein könnte.»

An diesem Bericht wird ersichtlich, wie jeder Mensch — bei einem schweren Unfall — in eine Grenzsituation hineingeraten kann, die ihn ängstigt. Dabei ist es für solche Situationen typisch, daß sie zeitlich länger als das übliche Zeiterleben erscheinen, so daß die Betroffenen etwa den Eindruck haben, als ob sie unendlich lange wären. Offenbar erfahren wir solche Gefahren an der Grenze unserer Existenz mit besonders hellem Bewußtsein, so daß das detaillierte Erleben uns den Eindruck einer Zeit vermittelt, die länger erscheint als sie ist. Solche Grenzsituationen haben es dementsprechend in sich, sich uns besonders einzuprägen. In diesem Falle kam zur Bedrohung der eigenen Existenz die Gefahr für das Leben eines anderen Menschen hinzu, so daß die Angst der Frau, die den Bericht verfaßte, aus zweierlei Quellen gespiesen wurde. Umso mehr hat sie die Grenzsituation zum Tode hin erlebt.

MENDE und PLOEGER (1966) haben über 11 Bergleute berichtet, die im Jahre 1963 bei einem Grubenunglück in Lengede, BRD, 14 Tage lang, vom 24.10. bis zum 3.11.63, in 55 Metern Tiefe eingeschlossen waren und während 10 Tagen keinerlei Verbindung zur Außenwelt hatten. Kurz darauf wurden sie nach ihrer Rettung von den Autoren psychiatrisch-neurologisch untersucht. Naturgemäß hatten die Betroffenen 10 Tage lang nichts zu essen. Etwa 8 Tage lebten sie in völliger Finsternis, waren sie von der Welt völlig isoliert. Sie mußten immer enger zusammenrücken, weil der zur Verfügung stehende Raum ständig kleiner wurde, und standen tagelang in äußerster und unmittelbarer Lebensgefahr. An eine reale Chance auf Rettung aus dieser Situation war kaum mehr zu glauben.

Bemerkenswerterweise stand das Hungern nicht im Vordergrund der Belastung. Alle 11 Bergleute versicherten später übereinstimmend, nur etwa zwei Tage lang ein Hungergefühl verspürt zu haben. Wasser war in genügender Menge erreichbar, doch fürchteten sie, daß es infiziert sei, weil zwei Leichen in dichter Nähe des Wassers, zum Teil auch im Wasser lagen. Vom dritten Tag an war Fäulnisgeruch stark wahrnehmbar und belästigend. Ein Schlafmangel erheblichen Grades hatte offenbar nicht bestanden. Durch das allmähliche Zusammenfallen der anfangs etwa $20 \times 3 \times 5$ Meter großen Grube sahen sich die Eingeschlossenen mit einer zunehmenden Einengung der ihnen zur Verfügung stehenden Räumlichkeit konfrontiert. Zuletzt hatte die Grube etwa noch die Ausmaße von $3 \times 4 \times 5$ Meter, so daß schließlich nur noch ein enges Aneinanderkauern mit angezogenen Beinen möglich war. Alle erlebten die fortschreitende Einengung als sehr bedrohlich, doch hatten sie während der ganzen Dauer immer die Hoffnung, daß diese Höhle sie doch bis zur Rettung aufbewahrte. Dieser letzte Hoffnungsschimmer in dieser Grenzsituation war bei keinem der Bergleute restlos erloschen. Doch blieb der Eindruck des Bedrohlichen und des Ausgeliefertseins vorherrschend.

Nach der Entdeckung erhielten die Bergleute durch ein Versorgungsrohr, welches einen inneren Durchmesser von 58 mm hatte, Werkzeuge, Metallstäbe und Plastiktücher abgeseilt. Allen war klar, daß daraus keine Gerüste zusammengebaut werden konnten, welche echten Schutz vor dem herabfallenden Gestein geboten hätten. Diese mit Plastiktücher versehenen Gerüste hatten eher die Funktion von Sichtblenden, welche — es erhellten wieder Lampen den Raum — die Bedrohlichkeit des Raumes nicht so in Erscheinung treten ließen.

Wie die Bergleute nach ihrer Rettung erklärten, war die völlige Finsternis, die vom zweiten bis zum zehnten Tag herrschte, für alle sehr schwer. Sie wurde von allen als «grausam», als «furchtbar», als «das Schlimmste» erlebt. Ein Bergmann verübte einen Selbstmordversuch, da er dieser Extremsituation nicht länger ausgesetzt sein wollte. Ein anderer Bergmann hatte ein Feuerzeug bei sich, dessen Licht immer spärlicher wurde, bis es versiegte. Manche hatten nach fünf Tagen den halluzinatorischen Eindruck, daß in der Höhle ein Halbdunkel herrsche und etwas Licht hineinfalle. Die ersten Zettelnachrichten, welche durch das Rohrgestänge hochgeseilt wurden, enthielten die Frage nach dem Datum, nach der verflossenen Zeit. Obwohl ein Bergmann anhand einer Leuchtzifferuhr den Ablauf der Zeit kontrolliert und die Anzahl der Tage errechnet hatte, widersprachen einige seinen Berechnungen. Man schätzte die durchlebte Zeitspanne kürzer ein und geriet darüber sogar in Streit. Die Verkürzung im Schätzen der durchlebten Zeit hatte wohl auch eine Schutzfunktion beim Erleben der Gefährdung durch die totale Abkapselung von der Umwelt.

Für die Bewertung des Sozialverhaltens der Bergleute in dieser Grenzsituation ist von besonderem Interesse, daß die 11 Überlebenden zufällig zusammengewürfelt waren. Dennoch bildete sich bald eine Gruppe heraus. Sie gewann in den folgenden Tagen des Eingeschlossenseins an Struktur, und die Unmittelbarkeit der Bedrohung, die Grenzsituation zum Tode, bildete offenbar den Grund für die rasche Gruppenbildung, die Rollendifferenzierung einerseits und die Kohäsion der Männer untereinander andererseits. Der eine kontrollierte die Zeit, der andere organisierte Rettungsaktionen, andere gaben Ratschläge. Elementare Panikreaktionen fing die Gruppe auf. Als letzter noch am Leben zu bleiben, war bei allen der schrecklichste Gedanke. 9 der 11 Bergleute berichteten über Trugwahrnehmungen, die die verschiedensten Gestalten annahmen. Die Halluzinationen hatten volle sinnliche Frische mit zum Teil kräftigen Farben. Offenbar hat sich bei diesen Menschen durch das Leben in der Dunkelheit bis zu einem gewissen Grade eine «sensory deprivation» entwickelt. Dabei ist bekannt, daß bei einer solchen Abschirmung der Sinnesorgane, bald emotional geladene Phantasien, meist optischer Art auftreten.

Die akute Belastung durch das plötzliche Eingeschlossensein und die unvermittelt eingetretene Dunkelheit, die den Bergleuten drohte, ließ in ihnen naturgemäß Ängste aufkommen, die den Gruppenzusammenschluß sowie das Ausdauern in dieser Situation über mehrere Tage förderten.

Vor der Rettung erfolgten die aufregendsten Minuten, denn die Eingeschlossenen fragten sich, ob ihr Klopfzeichen am Bohrgestänge oben gehört wurde. Als nach geraumer Zeit erneut knirschende Geräusche hörbar wurden und schließlich ein runder Lichtfleck auf dem Boden der Höhle erschien sowie Lampe, Papier und Bleistift folgten, wich ihre hochgradige emotionale Anspannung, und sie machte einer großen Erleichterung Platz.

Es zeigt sich dementsprechend, daß eine solche Grenzsituation zum Tode besser ertragen wird, wenn sie in der Gemeinsamkeit mit gleichermaßen Betroffenen, in einer Gruppe, durchgestanden wird. Die verschiedenen Betroffenen können dann unterschiedliche Rollen übernehmen, die gegenseitig zum Überdauern der Gefahr und zur Rettung beitragen.

Ein tagelanges Leben in akuter Lebensbedrohung ist in einer Gruppensituation leichter zu ertragen als für einen Menschen allein. Dennoch war das Leben in der erwähnten Grenzsituation zum Tode hin für alle Beteiligten in extremem Maße beängstigend. Auch war die plötzliche emotionale Entlastung sicher nicht ganz ohne Gefahr, denn eine plötzliche Entspannung kann eine schwere Kreislaufbelastung zur Folge haben. Also nicht nur das Existieren in einer lebensbedrohlichen Situation ist gefährlich, sondern auch das plötzliche und unvermittelte sich Öffnen neuer Lebensmöglichkeiten. Der Mensch erträgt offenbar am besten Gleichmäßigkeit, homöostatische Bedingungen. Plötzlich eintretende Extrembedingungen, das Überschreiten der Grenzen des Gewöhnlichen sind ihm abträglich. Eine unvermittelt eintretende Grenzsituation, Angst, Ärger, Wut, aber auch plötzlich eintretende Entspannung und Freude, stellen für den Menschen offenbar Stressoren dar, die etwa sogar zum plötzlichen Herztod führen können (PEETE, 1955). Offenbar erträgt das menschliche Herz eine plötzliche Grenzüberschreitung in Richtung eines außerordentlichen Af-

fekts weit weniger als das längere Existieren in einer belastenden emotionalen Grenzsituation.

20. Die Grenzsituation der sportlichen Spitzenleistung

Obschon die Menschen sich rasch verunsichert fühlen, leben sie im allgemeinen so, als ob ihnen nichts geschehen könne. Gefahren werden aufgesucht, und es vermittelt den Beteiligten offenbar ein Gefühl der Macht und der Genugtuung, wenn sie in der Grenzsituation der äußersten Gefährdung leben. Es ergreift den Menschen anscheinend eine Lust, wenn er auf des Messers Schneide lebt und wandelt. Anders wäre es kaum zu erklären, daß so viele Menschen gefährliche Bergtouren unternehmen — oder anderweitig gefährlich leben. Viele wagen eine todesmutige Besteigung eines Berges oder eines Gletschers und erleben ein Hochgefühl, wenn sie der Gefahr ausgesetzt sind. Eine Grenzsituation, in der sie sich einerseits einem Omnipotenzgefühl hingeben dürfen, andererseits doch ohnmächtig der Natur ausgeliefert sind, fasziniert sie (MESSNER, 1978).

Auch andere Sportarten sind dadurch charakterisiert, daß äußerste Grenzsituationen gesucht werden, um ein Erhabenheitsgefühl zu erleben. So werden immer wieder Autorennen organisiert, und die Beteiligten an Grenzsituationen herangeführt, in denen sie in Todesgefahr schweben. Dennoch oder gerade deswegen ziehen diese sportlichen Anlässe viele Tausend an, die selbst nicht selten in Lebensgefahr stehen, weil die Zuschauertribünen entweder nicht genügend vor Einsturz gesichert sind oder aber bei Unfällen der Rennfahrer etwa in das Geschehen miteinbezogen werden. Bei den Stierkämpfen geht das Suchen der Todesnähe, zumindest für den Torero — und damit stellvertretend für die Zuschauermasse — so weit, daß nur entweder der Stier oder er am Leben bleiben können. Doch ist es nicht der von FREUD (1920) supponierte Todestrieb, sondern der Lebenstrieb, bzw. die Lebenslust, die gerade in solchen Grenzsituationen zum Tode hin aufleben kann. Die Grausamkeit, mit der der Stier von Pfeilen durchbohrt wird und die dabei beinahe in Exstase geratenden Massen legen beredtes Zeugnis davon ab, wie sehr in dieser Grenzsituation emotionale und triebhafte Gewalten sich lösen und gefährliche Dimensionen annehmen können. Würden solche Massen zu politischen Zwecken angefeuert, könnten sie unverzüglich fehlgeleitet werden. Kommt es in einem solchen Stadion zu Unfällen, können Menschen zu Tode getrampelt werden. Alle individuelle Verantwortung hört auf.

Sportliche Spitzenleistungen und vor allem Massenveranstaltungen in diesem Bereich wirken auf die Menschen so faszinierend, weil, wenn sie gelingen, sie eine berauschende Allmachtsvorstellung erzeugen. Der Narzißmus des einzelnen, beschwingt durch eine gleichgerichtete Gefühlseinstellung bei den ihn Umgebenden, erlebt eine inflationäre Höhe. Gerade dieser Umstand kann sich sehr gefährlich im Sinne des kritiklosen Ausschreitens auswirken. Dementsprechend sollten die Menschen schon in der Schule auf solche Gefahren, die mit — sportlichen oder anderweitigen — Massensituationen verbunden sind, aufmerksam gemacht werden.

Aber auch im Einzelsport wird gelegentlich die Grenze des Leist- und Machbaren nicht mehr gesehen, die Zerbrechlichkeit unseres Körpers nicht richtig eingeschätzt, so daß es dann zur Grenzüberschreitung zum Tode hin kommen kann.

21. Auflösung der Individualität/Massenentwicklung

Es kann in emotional bewegenden Situationen, die viele Menschen zugleich treffen, wie bereits angeführt, zur Massenentwicklung kommen. Ich habe in meinem Werk «Der Mensch in der Gruppe», Bd. I (1967, 1976) die Entwicklung zu einer Masse geschildert und habe sie dabei wie folgt definiert: «Die Masse ist eine niedrig organisierte Anhäufung einer meist unbestimmten bzw. großen Anzahl von Menschen, die gefühlsmäßig und triebhaft miteinander zu einem Kollektiv verbunden sind und für die Gesamtheit nur insofern eine Funktion ausüben, als sie Mitläufer sind. Sie besteht aus einem Miteinander von affektiv und triebmäßig gleichgeschalteten Mitgliedern. In der Masse besteht keine Differenzierung in einzelne Funktionen und Rollen mit Ausnahme derjenigen des Führers einerseits und der Geführten andererseits.»

Mit anderen Worten, das Individuum reiht sich bedingungslos in das Kollektiv ein und kommt damit in die Situation, daß es nicht mehr individuell entscheidet, sondern grenzüberschreitend seine Verantwortung an das Kollektiv bzw. an eine Führerfigur abgibt. Kommt es bei den Beteiligten zu einem totalen Einbezug der übrigen in ihren Narzißmus, erleben sie alle als eine Erweiterung ihrer selbst und erfahren sie den Führer als einen Exponenten davon, so sind sie daran, ihre Individualität aufzugeben und sich bedingungslos einem Massenprozeß zu verschreiben.

Menschen, die Gemeinschaften beitreten möchten, welche von ihren Mitgliedern einen engen Schulterschluß und den beinahe totalen Einbezug der Gruppe in ihren Narzißmus fordern, sollten sich bewußt sein, daß sie damit Gefahr laufen, ihre Verantwortlichkeit an das Kollektiv und den Führer abzugeben. Sind sie einmal in ein solches Kollektiv eingetreten und übernehmen sie die Forderungen eines Führers, droht ihnen die

Möglichkeit, auch Handlungen auszuführen, die unmenschlich sind. Wird ein solches Individuum später zur Rechenschaft gezogen, wird es sich indes nicht darauf berufen können, sich in einer Massensuggestion befunden zu haben. Jeder normal intelligente Mensch sollte, *bevor* er einer solchen Gemeinschaft beitritt, wissen, daß er danach eventuell mehr oder weniger willenlos Eingebungen ausgesetzt ist. Es ist ähnlich wie bei einem Menschen, der argumentiert, eine Handlung unter Alkoholeinwirkung begangen zu haben. Wir müssen von jedem Menschen in unserem Kulturbereich erwarten, daß er die Alkoholwirkungen kennt und sich vom Trinken fernhält, wenn er verantwortliche Entscheidungen zu treffen oder Handlungen auszuführen hat.

Haben einmal die Mitglieder einer Gruppe oder die Angehörigen eines Volkes in die restlose Auflösung ihrer Individualität eingewilligt, so können sie «die Geister, die sie riefen» kaum mehr losbekommen. Angehörige eines Volkes, die restlos ihren Narzißmus auf das Volksganze ausdehnen, geben damit die Möglichkeit aus der Hand, in jedem Moment frei zu entscheiden. Es droht ihnen dann, durch Führer, die zur Projektion von fragmentierten Ich-Anteilen auf einen Feind neigen, narzißtisch gestört sind und das Volk zum Agieren in ihrem Sinne und zur Ausfüllung einer Lücke in ihrem Selbst gebrauchen, fehlgeleitet zu werden. Dadurch kann ein ganzes Volk in grausame Vernichtungsprozesse gegen Minderheiten, auf die ein Feindbild projiziert wird, oder/und in Kriege hineingezogen werden. Früh muß solchen Entwicklungen entgegengesteuert werden, denn hat einmal ein solcher «Führer» die Macht, so ist es kaum mehr möglich, gegen ihn und seine Helfershelfer aufzukommen.

So war es der Fall bei vielen nationalen Bewegungen, und als das Volk das Verhängnis erkannte, war es jeweils zu spät. Auch der sogenannte Selbstmord der amerikanischen Volkstempelsekte im November 1978 (in Guyana), der auf Anordnung des Führers JIM JONES erfolgte, beruht offensichtlich auf der gleichen Grundlage. Menschen, die in ihrer Selbstidentität gestört waren, vertrauten sich gänzlich ihrem Führer an, einem Mann, der ebenso eine Fusion mit der Gruppe erstrebte, wie die Anhänger mit ihm. Als er die Macht einmal inne hatte, mißbrauchte er sie soweit, daß er sich — wohl nicht zu Unrecht — als Herr über sie fühlte. Den Befehl zum Selbstmord erteilte er, als er seine Welt durch die drohende Untersuchung einer amerikanischen Kommission in Gefahr sah. Der Mord am US-Abgeordneten LEON RYAN durch Mitglieder dieser Gruppe läßt erkennen, wie sehr JONES und seine Mitläufer bereit waren, alles, was sich ihren narzißtischen Größenvorstellungen entgegenstellte und sie bedrohte, gewaltsam zu beseitigen.

So kann die Auflösung der Individualität durch eine vollkommene Einschließung der anderen in den eigenen Narzißmus den ersten Schritt zu einer persönlichen oder kollektiven Katastrophe bedeuten.

Die Überschreitung der Grenze der Individualität und die damit verbundene Fusion in der Phantasie der Beteiligten kann auch in einer Ehe verhängnisvoll wirken. Die Partner erwarten voneinander gegenseitig die restlose Erfüllung ihrer Wünsche (narzißtische Kollusion nach WILLI, 1975). Es braucht wohl nicht besonders betont zu werden, daß die Partner zwangsläufig voneinander enttäuscht sein werden, da es niemals möglich ist, die Wünsche und Strebungen eines anderen Menschen voll mitzuvollziehen.

22. Die Grenzsituation der Einsamkeit

Viele Menschen suchen einen Psychiater auf, weil sie ihre Einsamkeit nicht mehr aushalten. Sie sind an die Grenze ihrer Leidensfähigkeit gelangt. Ihre Not kam dadurch auf, daß sie niemanden um sich wußten, der noch an ihrer Freude und an ihrem Leid teilgenommen hätte. Es sind nicht nur Betagte, sondern auch junge Menschen, die oft keinen entsprechenden Kreis um sich wissen. Einsamkeit kann schon das Los des kleinen Kindes sein, das entweder unerwünscht auf die Welt gekommen ist, oder aber nur das werden und entfalten sollte, was die Eltern oder Ersatzpersonen als günstig für es betrachten. Werden einem Kind zu wenig Liebe, Aufmerksamkeit, Aufmunterung, Stimulation und Wahrnehmungsmöglichkeiten geboten, so wird es eine Kümmerentwicklung durchmachen, wird ihm zuviel vorgesetzt, so wird es verwöhnt werden und im späteren Leben sekundär frustriert sein. — Die Ehegatten JAMES und JOYCE ROBERTSON (1975) haben festgestellt, daß innerhalb der zwei ersten Lebensjahre sogar eine Trennung des Kindes von den Eltern über nur zehn Tage hinweg zu schwerwiegendem Beeinträchtigungserleben führen kann. Selbst wenn die Eltern nie abwesend sind, gehen sie in der Gegenwart oft vorwiegend eigenen Bedürfnissen nach. Sie empfinden dann die Kinder als eine Last, so daß die Jungen, selbst in Anwesenheit der Eltern, sich einsam fühlen können. Wenn Jugendliche bei den Drogen Zuflucht suchen, so ist mit eine Ursache dafür ihr Einsamkeitserleben. Mittels der Droge versuchen sie — allerdings vergeblich — sich darüber hinwegzutäuschen. Die mangelnde Solidarität mit jungen Menschen, die in die vielen unterschiedlichen Normen unserer Gesellschaft hineinwachsen müssen, läßt in ihnen oft ein Gefühl der Einsamkeit, das sie kaum auszuhalten vermögen, aufkommen. Aber auch Menschen in der Lebensmitte und in späteren Jahren, die ihre Kinder fortziehen sehen und bei der Pensionierung ihren Beruf aufgeben müssen, kommen oft in eine Einsamkeit hinein, die sie nicht auszuhalten vermögen.

Eine etwa 60jährige Frau, die ihren Mann soeben verloren hatte, suchte mich auf, weil sie nun niemanden mehr hatte, mit dem sie sprechen konnte. Ihre Tochter befand sich in Australien und schrieb ihr nur alle paar Wochen einen nichtssagenden Brief. Dadurch kam sie noch mehr in ein Einsamkeitsgefühl hinein, das so intensiv werden konnte, daß sie es nicht mehr aushielt. In ihrer Aszendenz sind Selbstmorde vorgekommen, und sie mußte alle Kräfte zusammennehmen, um nicht ebenfalls diesen Weg zu gehen und ihrem Leben ein Ende zu bereiten. Ich war in ihrer Einsamkeit zu ihrem einzigen Begleiter geworden. Selbst wenn sie von Bekannten zu einer Mahlzeit oder einer anderweitigen Zusammenkunft eingeladen wurde, hatte sie das Gefühl, niemanden zu haben, von der oder von dem sie geliebt würde, bzw. der oder die wirklich zu ihr gehörte.

In ein Einsamkeitserleben und damit an die Grenze des Aushaltbaren kommen oft auch Kranke, seien sie sichtbar körperlich oder aber unsichtbar, in ihrem Erleben, betroffen. Zwar wird heute in der Regel, äußerlich besehen, in den Spitälern und Polikliniken «vorbildlich» nach den kranken Menschen gesehen, doch wird noch vielerorts versäumt, durch entsprechende Equipen von Ärzten und Krankenschwestern, Sozialarbeitern und anderen Mitarbeitern dafür zu sorgen, daß die Kranken in ihrem gewohnten Lebenskreis bleiben können, in dem ihnen und ihren Angehörigen geholfen würde, sie außerhalb eines Spitals zu tragen. Zwar wird eine solche ambulante Krankenversorgung nicht billiger kommen als die Spitalbetreuung, doch werden tote Investitionen für überdimensionierte Spitäler wegfallen, die Betreuung qualitativ bedeutend besser werden und vor allem ein Leben in der Grenzsituation der spitalbedingten Vereinsamung seltener notwendig sein.

Vereinsamt sind in der Gegenwart aber nicht nur Einzelmenschen, sondern auch viele der Kleinfamilien als ganze. Sie sind oft peinlich darauf bedacht, ein Leben für sich alleine zu führen und niemandem Einblick zu geben in das, was in ihrem Heim geschieht, selbst wenn sich ihre Wohnung in einem Riesenblock mit anderen zusammen befindet. Obschon die dadurch gegebene Vereinsamung kaum aushaltbar ist, finden sie oft den Weg zueinander nicht.

Die Verantwortlichen in der Gesellschaft werden sich einiges einfallen lassen müssen, um die vielen isolierten Kleinfamilien zueinander zu führen, damit sie gemeinsam ein gesellschaftliches Leben pflegen, welches sie aus der Vereinsamung herausführen könnte.

23. Die Grenzsituation des Alters

Betagte, die allein leben, eventuell den Lebenspartner verloren haben, keiner beruflichen Tätigkeit mehr nachgehen und etwa auch nur einen sehr lockeren Kontakt zu ihren «Kindern» pflegen, kommen oft in eine Grenzsituation hinein, in der sie sich fragen, für was und für wen sie noch da sind. Dieses Gefühl bessert sich meist nicht in einem Altersheim oder einer Alterssiedlung. Zwar haben sie dann die Möglichkeit zum Kontakt mit gleichermaßen Betroffenen, doch würden sie es häufig mehr schätzen, auch mit jungen Menschen zusammen zu sein, denen sie sich öffnen könnten. Damit hätten sie Gelegenheit, sich der kommenden Generation mitzuteilen. Sind die Alten nur auf sich selbst abgestellt, so erleben sie sich häufig eingeengt, begrenzt, und sie spüren so, sich niemandem mitteilen zu können, der über sie hinaus lebte und Kunde geben könnte von ihrem Wirken und Werke.

Vor kurzem wurde ich in die Notfallstation unseres Spitals gerufen. Ich fand dort einen 74jährigen vor, der vor vier Jahren seine Frau durch Tod verloren hatte. Er sei 40 Jahre lang mit ihr verheiratet gewesen. Seit dem Ableben seiner Gattin fühle er sich allein, für nichts mehr da auf der Welt. Ein Jahr nach dem Hinschied seiner Frau sei er in ein Altersheim eingetreten. Obschon er Menschen um sich habe, fühle er sich im Heim dennoch allein, oder vielleicht noch einsamer, als wenn er allein wohnte, da die übrigen Pensionäre alle älter oder gebrechlicher als er seien. Vor drei Jahren habe er dann aber wieder eine Frau kennengelernt, auf einer Carfahrt. Er habe sich mit ihr angefreundet und sich tagsüber stets bei ihr aufgehalten. Vor etwas mehr als einem Monat sei sie aber an Herzversagen gestorben. Ihr Tod habe einen schweren Schlag für ihn bedeutet. Wieder habe er sich allein gefühlt, obschon sich seine Tochter und deren Familie um ihn gekümmert habe. Mehr und mehr sei er sich aber als eine bedrückende Last für seine Angehörigen vorgekommen. Ein Versuch, eine Beziehung zu einer anderen Frau anzuknüpfen, sei gescheitert. Er habe sich gesagt, daß das Leben keinen Wert mehr für ihn habe, und er habe deshalb in suizidaler Absicht Tabletten geschluckt.

Dieser Mann vermochte offensichtlich seinem Alter keine schönen Seiten abzugewinnen, da er sich vollkommen verlassen fühlte und früher offenbar nur Kontakt mit seiner Frau und später ausschließlich mit seiner Freundin gepflegt hatte. Der Patient war infolge frühen Todes beider Eltern als Waise aufgewachsen und hatte zu den mütterlichen Verwandten, bei denen er aufwuchs, wenig Kontakt. Freunde konnte er wohl nicht nach Hause einladen. Dementsprechend gelang es ihm auch im Alter nicht, zwischenmenschliche Beziehungen zu pflegen. Er hatte jeweils nur eine weibliche Bezugsperson, die ihn gefühlsmäßig mit der Mitwelt verband. Beruflich hatte er es zwar bis zu einer Vorgesetztenposition gebracht, doch hatte er kaum eine tiefere gefühlsmäßige Verbindung mit jemandem. Nach seiner Pensionierung in seinem 65. Lebensjahr war er deshalb umso mehr auf seine Ehefrau und nach dem Hinschied seiner Gattin auf eine Freundin angewiesen. Als auch diese Frau starb, stand er völlig beziehungslos auf der Welt.

Deshalb ist es besonders zur Vorbeugung der Vereinsamung im Alter wichtig, in jungen Jahren mitmenschliche Kontakte zu knüpfen und sie zu pflegen. Nur so werden in späteren Jahren vielleicht noch Freunde da sein, und nur dann ist es einem Menschen möglich, auch noch später mitmenschliche Beziehungen aufzubauen, wenn er die Pflege von Kommunikationen zu anderen Menschen gewohnt ist.

Es gelingt in fortgeschrittenen Jahren eher, die Grenzen der eigenen Existenz auszudehnen, wenn vorher Kontakte zu Mitmenschen geübt wurden. Das angeführte Beispiel des

74jährigen Mannes läßt erkennen, daß Individuen, die früh schon der tragendsten Bezüge — zu den Eltern — verlustig gingen, später etwa Schwierigkeiten bei der Beziehungsaufnahme mit anderen Menschen haben. Sie haben früh nicht genügend mitmenschliche Wärme und Stimulation erfahren, klammern sich dann als Erwachsene umso mehr an einen Partner an, der ihnen ihr schwankendes Selbstgefühl stützen sollte, und kommen, falls sie diese Bezugspersonen im Alter verlieren, in eine Grenzsituation, in der sie sich nicht mehr in der Lage fühlen, — von allein — einen Ausweg zu finden.

Trennung und Verlust — von Angehörigen, Beruf, Bezugsgruppe, gewohntem Wohnmilieu usw. — sind die wesentlichsten Bedrohungen im Alter. Schon der Umzug in eine andere Wohnung kann eine Grenzsituation mit sich bringen. Die Betreffenden verlieren damit eine Bezugsgruppe und fühlen sich in der neuen Umgebung oft völlig fremd, außerhalb der Grenzen des Beziehungssystems. Menschen, die sich langjährig als Nachbarn erlebt und etwa mit ihnen eine Erfahrung und ein Gefühl geteilt und mit denen sie ein Gefühl der Gemeinsamkeit gepflegt haben, gehen ihnen verlustig. Der Verlust der mitmenschlichen Bezugsgruppe kann für den alternden und alten Menschen Schwierigkeiten mit sich bringen, da er sich in neuer Umgebung nicht recht an die ungewohnte Wohnung, an die neuen Umgebungspersonen anzupassen vermag und damit nicht so einfach wieder zu einem Bezugskreis kommt. Seine narzißtische Energie ist geringer geworden, und er kann seinen neuen Wohnort, die neu ihn Umgebenden, weniger rasch als früher in seine Eigenliebe miteinbeziehen. Der Betagte kann sich so in einer neuen Umgebung als Fremder vorkommen, der sich immer an den Grenzen der vermeintlichen Unnahbarkeit, der Unerreichbarkeit der anderen stößt.

In einem Alter also, in dem ohnehin die Anpassung schwerer vor sich geht, muß der Mensch einen seiner größten Anpassungsschritte auf sich nehmen. Während es in Kinderjahren im allgemeinen rasch geht, bis die Eigenliebe auf das Zimmer und die Wohnung ausgedehnt wird — ein wichtiger Vorgang, um sich in einem neuen Heim wohl zu fühlen —, geht es im Alter bedeutend länger, bis das schwächer gewordene Selbstgefühl sich auf eine neue Umgebung so ausdehnen kann, daß der Betagte sie als behaglich erlebt. Es ist dementsprechend nicht nur der Verlust des alten Beziehungsgefüges, der zu Beschwerden führen kann, sondern auch die zu leistende Neueinstellung auf zuvor unbekannte Menschen und eine bis anhin fremde Umgebung, d. h. die Grenzüberschreitung zu Ungewohnten und Ungewohntem, die oft schwer fällt.

Dieser «grenzüberschreitende» Gang wird dem alten Menschen erleichtert werden, wenn er versucht, möglichst bald Kontakte mit seiner neuen mitmenschlichen Umgebung aufzunehmen. Er sollte es auf alle Fälle vermeiden, sich auf sich selbst, in sein «Schneckenhaus» zurückzuziehen. Das Wichtigste ist auch — oder besonders — im hohen Alter der zwischenmenschliche Kontakt. Martin Buber (1936) hat gesagt: «Der Mensch wird am Du zum Ich.» Ich möchte diesen Satz unter diesem Aspekt erweitern und sagen: «Der Mensch wird am Wir zum Ich.» Wir können uns nur dann erfahren und glücklich fühlen, wenn wir uns in einer mitmenschlichen Gemeinschaft zu verwirklichen vermögen. Deshalb ist es ratsam, im Alter unter allen Umständen die Grenzen zu den anderen zu überschreiten versuchen. Selbst wenn man in jungen Jahren Einsamkeit ertragen hat, ist es in vorgerückten Jahren, wenn das Selbstgefühl schon allein wegen der stärkeren Krankheitsanfälligkeit zurückgeht, nicht immer leicht, das Alleinsein auf sich zu nehmen. Der Betagte darf aber nicht warten, bis er durch andere Menschen aufgesucht wird. Er muß selbst aktive Schritte unternehmen, um Brücken zu anderen zu schlagen und Zugang zu einer allfällig neuen Umgebung zu finden.

Schwierig für einen alten Menschen ist oft auch der Gedanke, daß eine Partnerschaft sich durch Tod auflösen könnte, damit eine Grenze der Erreichbarkeit seines Nächsten errichtet würde und er allein weiterleben müßte. Tritt eine schwere Krankheit, eine gesundheits- und altersbedingte Verhaltensänderung bei wichtigen Bezugspersonen ein, werden die alten Menschen oft verunsichert, weil sich eine Grenze der Verständigung für sie ergibt und sie befürchten müssen, allein gelassen zu werden. Tritt dann gar der Verlust eines nahen Angehörigen ein, so wiegt er naturgemäß umso schwerer, je mehr die Betroffenen auf diesen Kontakt allein abgestellt waren. Das Angewiesensein auf den Partner beinhaltet nicht nur die Sorge um sein körperliches Wohl oder das eigene Umsorgtwerden durch den anderen, sondern auch um die tragende Partnerschaft, die verloren gehen bzw. durch Hinschied ein Ende finden kann. Die durch Partnerverlust Betroffenen fühlen sich auf sich selbst geworfen, befinden sich unvermittelt in einer Grenzsituation, in der sie Mühe haben, neue Kontakte zu knüpfen. Es besteht allgemein die Gefahr der Abkapselung.

JORES (1970) und andere Autoren haben feststellen können, daß allein gelassene, verwitwete Frauen im allgemeinen ihr Los besser ertragen als verwitwete Männer, die oft nicht mehr über die Grenzen ihres eigenen Selbst hinausgehen bzw. keine neuen Bezugspersonen mehr narzißtisch zu besetzen vermögen. Die Vertreter des männlichen Geschlechts wissen oft nichts mehr mit sich anzufangen, während die Frauen immer noch irgend etwas im Haushalt oder aber in Beziehungen zu Bekannten finden, das sie über die Trauer hinwegkommen lässt. Das Annehmen des Verlustes, die gleichzeitige innere Trennung von der nahen Bezugsperson sowie die Bewältigung der Trauer erfordern eine Ich-Stärke und vor allem das Vorhandensein von anderen Menschen, die es den Betroffenen gestatten, eine Abkapselung zu vermeiden und die Grenzen zu anderen hin zu überschreiten. Gelegentlich aber können Gefühle der Hoffnungslosigkeit mit einer entsprechenden Zunahme der Angstbereitschaft auftreten, so daß psychotherapeutische Hilfe in Anspruch genommen werden muß. Bestehen aber noch mitmenschliche Beziehungen, ist ein Betagter noch mit seinen Kindern oder anderen Familienmitgliedern, mit Freunden und/oder Bekannten verbunden, so wird er sich im allgemeinen wieder dem Leben zuwenden und erneut Freude daran gewinnen können. Es wird ihm wieder gelingen, aus dieser Grenzsituation zum Tode hinauszutreten und von neuem Zuversicht zu schöpfen.

Der betagte Mensch muß sich als Glied der Gesellschaft fühlen können. Es ist falsch, wenn die Alten aus dem sozialen Geschehen herausgenommen werden, da sie sonst ein Leben in Ausgeschlossenheit, hinter Grenzen, führen müssen. Zwar bedürfen sie einer gewissen emotionalen Schonung, entsprechend ihrer reduzierten Erschütterungsfähigkeit, doch haben sie das

Anrecht darauf, inmitten des Lebens zu stehen, ohne Grenzziehung zwischen ihnen und den übrigen.

Die Betagten sollten indes nicht passiv warten, bis ihnen etwas geboten wird. Sie sollten sich aktiv bemühen, am Geschehen um sie herum und, wenn es möglich ist, an den Geschehnissen außerhalb ihres engeren Kreises gefühlsmäßig rege teilzunehmen und sich für Probleme zu interessieren, die sie entweder schon in jungen Jahren bearbeitet oder für die sie damals zu wenig Zeit gehabt haben. Deshalb ist die Institution einer Seniorenuniversität — wie sie mancherorts schon besteht — für diese Menschen sehr günstig.

24. Der Therapeut in der Grenzsituation

Jeder Therapeut, in welchem medizinischen Fachbereich er auch wirken möge, ist bei der Behandlung eines Menschen vor die Tatsache gestellt, daß er an eine Grenze kommt. Wie es im Volksmund heißt, sieht der Arzt oder der sonstige Therapeut nur an den Patienten heran, jedoch nicht in ihn hinein. Jenseits der Grenzen des Sicht- und Hörbaren fängt die Subjektivität des zu Behandelnden an. Der Therapeut erfährt verbal nur soviel, als dem Kranken selbst bewußt ist und er sagen möchte. Wohl können Laboruntersuchungen, Computertomogramme und Aufzeichnungen von Elektrokardiogrammen, Elektroencephalogrammen, Myogrammen nachweisen, ob krankhafte Prozesse ablaufen und die elektrischen Potentiale in einem Gewebe normal oder aber auffällig sind. Doch wird es für den Therapeuten immer auch wichtig sein zu erfahren, welchen Stellenwert eine solche Störung für den Patienten selbst hat, ob und wie er darunter leidet. Gelegentlich wird der mimische und pantomimische Ausdruck mehr aussagen, als die Worte des Kranken es tun. Doch wird der Therapeut nur dann eine Behandlung vornehmen können, wenn der Patient bereit ist, im Rahmen eines Behandlungsplanes mitzuwirken. Bei den Psycho- und Organneurosen sowie den psychosomatischen Krankheiten ist diese Kooperation noch viel wichtiger, denn bis heute kennen wir keine absolut objektiv abgesicherten Methoden, um sie zu behandeln. Wir haben zwar psychoanalytische Kriterien, die sich anwenden lassen und experimentell-psychosomatische und -psychologische Prüfungsmöglichkeiten. Sie sind aber bis auf den heutigen Tag noch nicht so zuverlässig, daß mit Bestimmtheit die Erlebensvorgänge so erfaßt werden könnten, wie sie vor sich gehen. Eine Grenze zwischen dem Therapeuten und seinem Patienten bleibt immer bestehen. Selbst wenn ein Kranker «grenzenloses» Vertrauen zu seinem

Arzt hat oder hätte, wird es dem Therapeuten nie möglich sein, die restlose, objektiv begründete Wahrheit in bezug auf den Patienten zu finden. Der Arzt wird diese Grenze, selbst wenn er noch so viel Erfahrung und Einfühlungsvermögen besitzt, niemals überschreiten können. Er wird in der Regel diese Grenze auch ehrfürchtig beachten wollen, denn jeder Mensch, auch oder vor allem ein Patient, hat das Recht, sein Geheimnis, selbst gegenüber dem Arzt, zu wahren. Der Therapeut darf sich nicht einbilden, daß er berechtigt wäre, in die Geheimsphäre eines Menschen ohne weiteres einzudringen. Selbst bei psychoanalytischen Deutungen haben wir darauf zu achten, ob der Angesprochene schon bereit ist, unsere Interpretationen zu ertragen. Dabei haben wir uns immer bewußt zu sein, daß eine Deutung eine Fehl-Deutung sein kann, da die erwähnte Grenze zum anderen hin nie voll überschritten werden kann. Auch sind die Kranken oft nicht in der Lage, ihre eigenen Gefühle zu erkennen und zu äußern. Sollten Therapeuten annehmen, daß sie gänzlich im Unbewußten und Bewußten eines anderen Menschen Bescheid wüßten, würden sie selbst von einer narzißtischen Störung in ihnen mit entsprechenden Fusionstendenzen und Fehlschlüssen von sich auf den Patienten Zeugnis ablegen. Zwar ist es wesentlich, daß der Psychoanalytiker oder anderweitige Psychotherapeut nicht nur intellektuell, sondern auch empathisch das vom Patienten Erwähnte oder averbal Dargestellte nachvollzieht, doch sollte stets eine Distanz zurückbleiben, bei der ein bewußter und gezielter Einsatz therapeutischer Mittel noch möglich ist.

Der Grenzbereich zwischen Ich und Du im Rahmen der Therapie wird natürlich im Verlauf einer Langzeitanalyse mit drei bis vier Sitzungen à 50 Minuten pro Woche abnehmen. Es kann dazu kommen, daß der Therapeut, bevor es der Patient ausgesprochen hat, schon ahnt, was nun folgen wird. Auch tritt etwa einmal im Therapeuten eine Phantasie auf, die einer momentanen Verfassung des Patienten entspricht.

Ich erinnere mich noch gut daran, daß ich bei einem etwa 27jährigen Analysanden plötzlich in der Phantasie die Vorstellung von einem Schnitter hatte, der das Gras einer Wiese mähte. Der Patient selbst war in seinen Assoziationen gerade damit beschäftigt, sich zu fragen, wie er endlich die in seiner Analyse gewonnenen Einsichten im praktischen Lebensvollzug anwenden und sich grundlegend ändern könnte. Meine Phantasie war offenbar das Zeugnis meines empathischen Mitgehens über die Ich-/Du-Grenzen hinaus.

Beim gleichen Analysanden hatte ich einige Sitzungen danach das Gefühl, er müßte sein Schicksal selbst in die Hand nehmen und seinen bisherigen Lebensrahmen sprengen, wenn er aus seiner Neurose und seinem neurotischen Arrangement (ADLER, 1920) herauskommen möchte. Ich saß, wie immer in den Analysen, hinter dem auf der Couch liegenden Patienten, hatte aber in diesem Moment die Arme ungeduldig hochgehoben und, sie danach in die Horizontale bringend, gesenkt. Damit habe ich die Erweiterung des Bezugsrahmens des Patienten pantomimisch dargestellt, ohne daß der Patient allerdings diese Bewegung sah. Plötzlich hörten wir, wie hinter uns von der Wand ein Bild zu Boden fiel. Der Analysand drehte sich um und stellte fest, daß der obere Teil des Rahmens noch am Nagel hing, während das Bild mit dem größeren, unteren Teil des Rahmens am Boden lag. Das alte Glas war zersplittert. Das Bild war ein Kupferstich, der Jahrzehnte lang im Besitze meiner Familie war und eine Landschaft darstellte, die nahe meinem Heimatort lag. Der Analysand sagte darauf: «Das war nicht meine, sondern Ihre Kraft.» Offenbar war er noch nicht bereit, seinen bisherigen Rahmen zu sprengen. Im Analytiker aber hatte sich eine Unruhe ergeben. Diese Grenzüberschreitung durch den Therapeuten stellte nun mehr ein Symptom der eigenen Ungeduld dar als einer therapeutischen Einfühlung. Doch bleibt das Niederfallen des Bildes, das so lange Jahre solide an der Wand gehangen hatte, gerade in diesem Moment ein parapsychologisches Phänomen. Bei der Erklärung dieses Vorganges stoßen wir wieder an die Grenzen des heute Erklärbaren.

Die Empathie vermag dementsprechend bis zu einem gewissen Grade grenzüberschreitend zu erfassen, was sonst für den Therapeuten nicht merkbar wäre. Auch wenn wir den mimischen oder pantomimischen Ausdruck eines Patienten zu verstehen glauben, so stützen wir uns im Grunde genommen auf dieses gefühlsmäßige Mitgehen, denn rational ließe sich unser therapeutisches Verständnis in diesen Fällen kaum begründen.

173

Ohne eine solche Einfühlung wäre das Wirken eines Therapeuten, eines Arztes, aber nicht denkbar. Ärztliches und psychotherapeutisches Wirken haben dementsprechend nicht nur solides Wissen um die körperlichen Gegebenheiten zur Basis, sondern auch das empathische Überschreiten der Ich-/Du-Grenze. Eine solche Einfühlung fällt dem einen leichter, dem anderen schwerer. Mit zunehmender Berufserfahrung wird die Empathie aber auch demjenigen wachsen, dem sie nicht primär gegeben ist.

25. Schlußbetrachtungen

Wie immer die Grenzsituation emotional gefärbt sein mag, stets ist sie Zeichen dafür, daß ein Mensch in existentielle Not geraten ist. Die erwähnten Arten der Grenzsituation sind jene Befindlichkeiten, die das menschliche Leben auszeichnen, wenn es bedroht ist oder behindert wird. Solche Grenzsituationen kommen nicht nur in Extremlagen auf, sondern auch im ganz alltäglichen Ablauf. Wem fiele es nicht etwa auf, daß er oder sie in seiner bzw. ihrer Wirksamkeit an Grenzen stößt? Wer wüßte nicht, daß die Beeinflußbarkeit eines anderen Menschen Grenzen findet? Begrenzt ist auch unsere Leistungsfähigkeit. Vielleicht ist es ein Kennzeichen eines unerfahrenen Menschen, daß er noch glaubt, unbegrenzt Werke errichten und leben zu können. Die Ewigkeitsillusion eines Menschen in sozialen Bezügen ist besonders in jungen Jahren zu erkennen. Es wird eine Existenz aufgebaut, ein Beruf ergriffen, eine Wohnung eingerichtet, eventuell ein Haus errichtet, wie wenn das Leben unbeschränkt weiterginge. Der Mensch baut Werke, die über die Grenze seiner Zeitlichkeit hinausgehen, so daß andere Generationen noch Wissen und Nutzen davon ziehen können. Die Vorstellung, über alle Zeiten hinaus da zu sein, beschwingt den Menschen in seinem Wirken. Würde er zu gleicher Leistung fähig sein, wenn er stets an das potentielle Ende seiner Tage dächte? Würde es ihn nicht defätistisch stimmen, so daß er resignierte und nichts mehr unternähme? Obschon wir diese Frage nicht in bezug auf alle Menschen bejahen können, müssen wir sagen, daß die Illusion, immer am Leben teilzuhaben, viele antreibt, etwas Dauerhaftes zu schaffen. Selbst wenn wir aber von der Tatsache ausgehen, daß jeder Tag das Ende unserer Existenz in den sozialen Bezügen sein könnte, werden wir über unsere Begrenztheit hinaus — für kommende Generationen — wirken wollen. Es wird uns zwar bewußt, daß vieles, vielleicht alles von dem, was wir vertreten oder geschaffen haben, ins Dunkel der Anonymität fallen wird. Doch können wir mit der Gewißheit leben, daß vieles von dem, was wir in unserer Existenz getan haben, wenn auch unerkannt, weiterleben wird. So sind wir denn in unserem mitmenschlichen Leben mit vielen Grenzen und mit der Begrenztheit unseres Daseins konfrontiert. Antrieb und Motiv zum Handeln und zum Wirken ist uns Menschen aber ganz allgemein die Grenzüberschreitung zum anderen hin, zur nächsten Generation. Was wäre denn der Mensch, wenn er immer nur Grenzen sähe? Was wäre er aber dann, wenn er glaubte, unbegrenzte Möglichkeiten zu haben, grenzenlos auf andere wirken und unbegrenzt lebend existieren zu können? Er hätte sich wieder begrenzt, weil er die Masse der äußeren Realität verloren hätte und so schon zu seinen Lebzeiten den Anschluß an das soziale Leben verlöre. So laßt uns denn den Menschen im mitmenschlichen Leben erkennen. Nur so wird es uns möglich sein, in dem uns gegebenen sozialen Rahmen unseren Weg zu finden und in uns zu schöpfen, um anderen davon zu geben. Grenzüberschreitende Einfühlung und Selbstvertrauen werden uns helfen, innerhalb der uns gegebenen Grenzen, erfüllt zu leben.

26. Literatur

ABRAHAM, K.: Untersuchungen über die früheste prägenitale Entwicklungsstufe der Libido. Int. Zsch. f. Psychoanalyse IV, Heft 2, S. 71, 1916. Neu in: ABRAHAM, K.: Psychoanalytische Studien zur Charakterbildung und andere Schriften. Herausgegeben von CREMERIUS, J.: Conditio humana. S. Fischer, Frankfurt a. M. 1969.

ADLER, A.: Zur Rolle des Unbewußten in der Neurose, in: Praxis und Theorie der Individualpsychologie. J. F. Bergmann, München/Wiesbaden 1920.

AMÉRY, J.: Hand an sich legen, Diskurs über den Freitod. Klett, Stuttgart 1976.

AMMON, G.: Psychoanalyse und Psychodynamik. Piper, München 1974.

BATESON, G., D. JACKSON, J. HALEY und J. H. WEAKLAND: Toward theory on schizophrenia. Behavioral Sci. *1*, 251, 1956.

BATTEGAY, R.: Prophetisches in Visionen und Träumen einer Schizophrenen. Schweizer Archiv für Neurologie, Neurochirurgie und Psychiatrie *86*, 182, 1960.

BATTEGAY, R.: Selbstmordprophylaxe bei Süchtigen. Zschr. für Präventivmedizin *10*, 440, 1965.

BATTEGAY, R.: Angst und Sein. Hippokrates, Stuttgart 1970, 2. Aufl. 1976.

BATTEGAY, R.: Der Mensch in der Gruppe. Bd. I. Hans Huber, Bern/Stuttgart/Wien 1967, 5. Aufl. 1976.

BATTEGAY, R.: Narzißmus und Objektbeziehungen. Über das Selbst zum Objekt. Huber, Bern/Stuttgart/Wien 1977.

BATTEGAY, R.: Aggression, ein Mittel der Kommunikation? Hans Huber, Bern/Stuttgart/Wien 1979[1].

BATTEGAY, R.: Die ärztliche Aufklärungspflicht, am Beispiel von Schwerkranken. Schweiz. Ärzte-Zeitung Nr. 26, 27.6.1979[2].

BATTEGAY, R., HAENEL, T.: Narzißtische Störungen und Suizidalität. Sozial- und Präventivmedizin *24*, 42, 1979.

BENEDETTI, G.: Psychiatrische Aspekte des Schöpferischen und schöpferische Aspekte der Psychiatrie. Verlag für Medizinische Psychologie, Göttingen 1975.

BINSWANGER, L.: Melancholie und Manie. Neske, Pfullingen, 1960.

BINSWANGER, L.: Grundformen und Erkenntnis menschlichen Daseins. 1. Aufl. Max Niehans, Zürich 1942, 3. Aufl. Ernst Reinhardt Verlag München/Basel 1962.

BLEULER, E.: Dementia praecox oder Gruppe der Schizophrenien. Franz Deuticke, Leipzig/Wien 1911.

177

BODENHEIMER, A. R.: Erlebnisgestaltung. Darstellung eines Verfahrens zur Psychotherapie von Psychosen. B. Schwabe, Basel 1957.

BONIME, W.: Depersonalization as a manifestation of evolving health. J. Amer. Acad. Psychoanalysis *1*, 109, 1973.

BOWLBY, J.: Mütterliche Zuwendung und geistige Gesundheit. Kindler Taschenbücher 2106, München 1973. Originalausgabe: «Maternal Care and Mental Health», erschienen im Bulletin der WHO 1951, 3, S. 355, und in den WHO Monograph Series 2.

BREUER, J., FREUD, S.: Über den psychischen Mechanismus hysterischer Phänomene. Neurologisches Zentralblatt Nr. 1 und 2, 1893, und in FREUD, S.: Gesammelte Werke, Bd. I, S. 81, Imago, London 1952.

BUBER, M.: Ich und Du. Schocken, Berlin 1936.

BÜHLER-ZDANSKY, E. M.: Persönliche Mitteilung 1980.

BÜRGIN, D.: Das Kind, die lebensbedrohende Krankheit und der Tod. Hans Huber, Bern/Stuttgart/Wien 1978.

BUMKE, O.: Lehrbuch. Zit. in BINSWANGER, L.: «Melancholie und Manie». Neske, Pfullingen 1960, 1. Aufl. 1924, S. 511, 7. Aufl. 1948, S. 240.

CELIO, M. R.: Die endogenen Morphine (The endogenous morphines). Schweiz. med. Wschr. *109*, 965, 1979.

CONRAD, K.: Die beginnende Schizophrenie. Versuch einer Gestaltanalyse des Wahns. Thieme, Stuttgart 1958.

DEUTSCH, H.: Some Forms of Emotional Disturbance and their Relationship to Schizophrenia, in: DEUTSCH, H.: Neuroses and Charactertypes. Int. Univ. Press. New York 1965.

DURKHEIM, E.: Les règles de la méthode sociologique. Felix Alcan, Paris 1893, 9, Aufl. 1938.

ERIKSON, E. H.: Kindheit und Gesellschaft. Klett, Stuttgart, 2. Aufl., Imago, London 1965.

FENICHEL, O.: The Psychoanalytic Theory of Neurosis. Norton, New York 1945. Deutsch: Psychoanalytische Neurosenlehre. Walter, Olten/Freiburg im Breisgau Bd. I und II, 1975, Bd. III 1977.

FREUD, A.: Das Ich und die Abwehrmechanismen. Imago, London 1946. Kindler Taschenbücher Nr. 2001, München 1965.

FREUD, S.: Neue Folge der Vorlesungen zur Einführung in die Psychoanalyse. Int. Psychoanalytischer Verlag, Leipzig/Wien/Zürich 1933, Gesammelte Werke Bd. XV, Imago, London 1940.

FREUD, S.: Die Abwehr-Neuropsychosen Nr. 10 und 11, 1894. Gesammelte Werke Bd. I, S. 57, Imago, London 1952.

FREUD, S.: Hysterische Phantasien und ihre Beziehung zur Bisexualität. In: Zeitschrift für Sexualwissenschaft, herausgegeben von M. HIRSCHFELD, 1908. Gesammelte Werke Bd. VII, S. 189, Imago, London repr. 1955.

FREUD, S.: Die Freudsche Psychoanalytische Methode. In LÖWENFELD: «Psychische Zwangserscheinungen». J. F. Bergmann, Wiesbaden 1904, und Gesammelte Werke Bd. V, S. 1, 3. Aufl., S. Fischer, Frankfurt a. M. 1961.

FREUD, S.: Bemerkungen über die Übertragungsliebe unter dem Obertitel: Weitere Ratschläge zur Technik der Psychoanalyse. Zeitschrift für Psychoanalyse Bd. III, 1915, und Gesammelte Werke Bd. X, S. 305, 3. Aufl., S. Fischer, Frankfurt a. M. 1963.

FREUD, S.: Trauer und Melancholie. Z. f. Psychoanalyse Bd. IV, 1916. Gesammelte Werke Bd. X, S. 427, 3. Aufl., S. Fischer, Frankfurt a. M. 1963.

FREUD, S.: Das Ich und das Es. Int. Psychoanalyt. Verlag Leipzig/Wien/Zürich (1.—8. Tausend) 1923, und Gesammelte Werke, Bd. XIII, S. 235, 4. Aufl., S. Fischer, Frankfurt a. M. 1963.

FREUD, S.: Das Unbewußte. Z. f. Psychoanalyse Bd. III, 1913. Gesammelte Werke Bd. X, S. 263, 3. Aufl., S. Fischer, Frankfurt a. M. 1963.

FREUD, S.: Jenseits des Lustprinzips. Int. Psychoanalyt. Verlag Leipzig/Wien/Zürich 1920. Gesammelte Werke Bd. XIII, S. 1, 4. Aufl., S. Fischer, Frankfurt a. M. 1965.

FREYBERGER, H.: The doctor/patient relationship in ulcerative colitis. Psychotherapy and Psychosomatics 18, 80, 1970.

GAUS, E.: Zur Psychologie therapeutischer Extremsituationen in der Medizin. Diss. Ulm 1975.

HAENEL, TH.: Suizidhandlungen unter dem Aspekt statistischer Tendenzen. Praxis 68, 70, 1979.

HAENEL, TH., NAGEL, G. A.: Das psychologische Verhalten von Tumorkranken mit Agranulozytose unter Isolierbedingungen. Schweiz. med. Wschr. 105, 839, 1975.

HARLOW, H. S., HARLOW, M. K.: Reifungsfaktoren im sozialen Verhalten. Psyche 21, 193, 1967.

HARTMANN, H.: Ich-Psychologie. Studien zur psychoanalytischen Theorie. Klett, Stuttgart 1972. Titel der Originalausgabe: Essays on Ego-Psychology — Selected Problems in Psychoanalytic Theory, Int. Univ. Press, New York 1964.

HENSELER, H.: Narzißtische Krisen/Zur Psychodynamik des Selbstmords. Rowohlt, Reinbek bei Hamburg 1974.

HERZIG, E. A.: (Ed.) Betreuung Sterbender. Rocom. Edition Roche, Basel 1978.

HIRSCH, S. R.: Eltern als Verursacher der Schizophrenie. Nervenarzt 50, 337, 1979.

HOBSON, J. A., McCARLEY, R. W.: Endogenous Morphinomimetic, Ligands and Opiate. Receptors in the Central Nevous System, July/December 1976.

JACOBI, J.: Komplex, Archetypus, Symbol in der Psychologie C. G. Jungs. Rascher, Zürich/Stuttgart 1957.

JASPERS, K.: Der philosophische Glaube. Piper, München 1948.

JASPERS, K.: Kleine Schule des philosophischen Denkens. Sammlung Piper, München 1965.

JORES, A.: Menschsein als Auftrag. Hans Huber, Bern/Stuttgart/Wien 1970.

JUNG, C. G.: Psychologische Typen. Rascher, Zürich 1920. Gesammelte Werke Bd. 6, Rascher, Zürich/Stuttgart 1960.

JUNG, C. G.: Erinnerungen, Träume, Gedanken. Aufgezeichnet und herausgegeben von ANIELA JAFFÉ. Rascher, Zürich/Stuttgart 1962.

179

KAFKA, F.:Vor dem Gesetz, in KAFKA, F.: Sämtliche Erzählungen. Fischer Taschenbuch 1078, S. 131, Frankurt a. M./Hamburg 1970.

KERNBERG, O. F.: Borderline conditions and pathological narcissism. Aronson, New York 1976. Borderline-Störungen und pathologischer Narzißmus. Suhrkamp, Frankfurt 1978.

KESTENBERG, J.: Kinder von Überlebenden der Naziverfolgungen. Psyche *28*, 249, Stuttgart 1974.

KIELHOLZ, P.: Diagnostik und Therapie der Depression für den Praktiker. Lehmanns, München 1965, 3. Aufl. 1971.

KIERKEGAARD, S.: Die Krankheit zum Tode. Fischer Bücherei 267, Frankfurt a. M. 1959. Originalausgabe: Sygdommen til Doden, 1849.

KLEIN, M.: A contribution to the Psychogenesis of Manic-Depressive States. Int. J. Psycho-Anal. *16*, 1935. Auf Deutsch erschienen in: Das Seelenleben des Kleinkindes, S. 44. Klett, Stuttgart 1962.

KOHUT, H.: Narzißmus. Suhrkamp, Frankfurt a. M. 1973. Aus dem Amerikanischen: The Analysis of the Self. Intern. Universities Press, New York 1971.

KOHUT, H.: The Restoration of the Self. Intern. Universities Press, New York 1977.

KRAEPELIN, E.: Lehrbuch der Psychiatrie, Barth, Leipzig 1896.

KRETSCHMER, E.: Körperbau und Charakter. 13. und 14. Aufl., Springer, Berlin 1940.

KRUPP, S., RIST, M., WYLER, J.: Katamnestische Untersuchungen an operierten Transsexuellen. Méd. et Hyg. *37*, 897, 1979.

KÜBLER-ROSS, E.: Interviews mit Sterbenden. Kreuz-Verlag, Stuttgart 1973. Originalausgabe: On Death and Dying, Macmillan, New York, Collier-Macmillan, London.

LANGE-EICHBAUM, W.: Genie, Irrsinn und Ruhm. 6. Aufl. Reinhardt, München/Basel 1967.

LEMPP, R.: Extrembelastung im Kindes- und Jugendalter. Hans Huber, Bern/Stuttgart/Wien 1979.

LOCHER, M. P. G.: Psychologisches Verhalten infektgefährdeter Patienten unter Isolierbedingungen. Diss. Basel 1977.

MARTI, P., de M'Uzan, M., DAVID, C.: L'investigation psychosomatique P. V. F. 1963. Zit. in: SAMIR STEPHANOS: Das Konzept der «pensée opératoire» und das «psychosomatische Phänomen», in: von UEXKÜLL (Ed.): Lehrbuch der Psychosomatischen Medizin, S. 217, Urban und Schwarzenberg, München/Wien/Baltimore 1963.

MENDE, W., PLOEGER, A.: Das Verhalten und Erleben von Bergleuten in der Extrembelastung des Eingeschlossenseins. Der Nervenarzt *37*, 209, 1966.

MENG, H.: Das Problem der Organpsychose. Int. Z. Psychother. *20*, 439, 1934.

MERTON, R. K.: Social Theory and Social Structure, Free Press, Glencoe, Ill., 1957.

MESSNER, R.: Grenzbereich Todeszone. Buchclub Ex Libris, Zürich 1978.

MITSCHERLICH, A.: Krankheit als Konflikt. Studien zur psychosomatischen Medizin II, 2. Aufl., Suhrkamp, Frankfurt a. M. 1968.

180

MONEY, J., EHRHARD, A. A.: Transsexuelle nach Geschlechtswechsel. Tendenzen der Sexual-Forschung. Hrsg.: GUNTER SCHMIDT, VOOKMAR SIGUSCH und EBERHARD SCHASCH. Enke Verlag, Stuttgart 1970.

NIETZSCHE, F.: Also sprach Zarathustra. Alfred Kröner, Leipzig.

PEETE, A. P.: Psychosomatic Genesis of Coronary Artery Disease. Charles C. Thomas Publisher, Springfield Ill., USA, 1955.

PÖLDINGER, W.: Die Abschätzung der Suizidalität. Hans Huber, Bern/Stuttgart/Wien 1968.

PORTMANN, A.: Vom Ursprung des Menschen. Friedr. Reinhardt, Basel 1944.

RINGEL, E.: Der Selbstmord. Abschluß einer krankhaften Entwicklung. W. Maudrich, Wien/Düsseldorf 1953.

RINGEL, E.: Neue Untersuchungen zum Selbstmordproblem. Brüder Hollinek, Wien 1961.

ROBERTSON J. and J.: Quality of Substitute care as an Influence on Separation Responses. J. of Psychosom. Research *16*, 261, 1972. Reaktionen kleiner Kinder auf kurzfristige Trennung von der Mutter im Lichte neuerer Beobachtungen. Psyche *29*, 626, 1975.

ROHDE-DACHSER, CHR.: Das Borderline-Syndrom. Hans Huber, Bern/Stuttgart/Wien 1979.

ROLLAND, R.: Beethoven, Rotapfel, Erlenbach Zürich 1930. (Übersetzt aus dem Französischen von L. Langenese-Hug).

SCHINDLER, W.: Betrachtungen über den Sado-Masochismus und dessen Erscheinungsformen. Z. Psychother. Med. Psychol. *14*, 62, 1964.

SCHINDLER, W.: Das Selbst in der Grupenanalyse. Dynamische Psychiatrie *6*, 165, 1973.

SCHINDLER, W.: Das Borderland-Syndrom — ein Zeichen unserer Zeit. Z. f. Psychosomat. Med. und Psychoanalyse *25*, 363, 1979.

SCHULTZ-HENCKE, H.: Lehrbuch der analytischen Psychotherapie. Georg Thieme, Stuttgart 1951.

SEGALL, A.: Spätreaktionen auf Konzentrationslagererlebnisse. Psyche *27*, 220, Stuttgart 1974.

SHAKESPEARE, W.: Hamlet, Prince of Denmark, in: The Completed Works of William Shakespeare, edited by W. J. CRAIG; Henry Pordes, London 1977.

SIFNEOS, P. E.: The Prevalence of «Alexithymic» Characteristics in Psychosomatic Patients. Psychotherapy and Psychosomatics *22*, 255, 1973.

SPITTELER, C.: Olympischer Frühling. Eugen Diederichs, Jena 1922.

SPITZ, R. A.: Die Entstehung der ersten Objektbeziehungen. Klett, Stuttgart 1960.

STOLLER, R. J., NEWMANN, L. E.: The bisexual identity of transsexuals. Two case examples. Arch. of Sexual Behaviour *1*, 17—28, 1971.

TELLENBACH, H.: Melancholie. Springer, Berlin/Göttingen/Heidelberg 1961.

von BAEYER, W., KISKER, K. P.: Abbiegung der Persönlichkeitsentwicklung eines Jugendlichen durch national-sozialistische Verfolgungen. Paranoide Fehlhaltung. In: MARCH, H.: Verfolgung und Angst. Ed. S. 11, Klett, Stuttgart 1960.

von GEBSATTEL, V. E.: Prolegomena einer medizinischen Antropologie. Springer, Berlin/Göttingen/Heidelberg 1954.

181

von KLEIST, H.: Michael Kohlhaas, Grotesche Verlagsbuchhandlung, Berlin 1873.

von SIEBENTHAL, W.: Schuldgefühl und Schuld bei psychiatrischen Erkrankungen. Rascher, Zürich 1956.

WAGNER, W.: Neue Methoden und Denkweisen im Hinblick auf die Morphinsucht. Dtsch. med. Wschr. *79*, 537, 1954.

WILDE, O.: Das Bildnis des Dorian Gray. Ullstein Nr. 568, Frankfurt a. M./Berlin/Wien 1966 (Titel der englischen Originalausgabe: The Picture of Dorian Gray).

WILLI, J.: Die Zweierbeziehung. Rowohlt, Reinbek bei Hamburg 1975.

WOLF, E. S.: Recent Advances in the Psychology of the Self. An Outline of Basic Concepts. Comprehensive Psychiatry *17*, 37, 1976.

WYLER, J.: Transsexualismus. Eine deskriptive Analyse von 18 Patienten, bei denen der Wunsch nach körperlicher Angleichung an das andere Geschlecht bestand. Diss. Basel 1977.

ZORN, F.: Mars. Kindler, München 1977.

ZWEIG, ST.: Ungeduld des Herzens. Bermann-Fischer, Stockholm 1939.

ZWEIG, ST.: Die Welt von Gestern. Bermann-Fischer, Stockholm 1944.

Namenregister

Sachregister

187

191